Linguística Cognitiva:
Uma Visão Geral e Aplicada

Antônio Suárez Abreu

Linguística Cognitiva: Uma Visão Geral e Aplicada

Æ
Ateliê Editorial

1ª edição, 2010
1ª reimpressão, 2013

Dados Internacionais de Catalogação na Publicação (CIP)
(Câmara Brasileira do Livro, SP, Brasil)

Abreu, Antônio Suárez
Linguística Cognitiva: Uma Visão Geral e Aplicada /
Antônio Suárez Abreu. – Cotia, SP: Ateliê Editorial, 2010.

ISBN 978-85-7480-526-9

1. Linguística cognitiva I. Título.

10-11852 CDD-415

Índices para catálogo sistemático:
1. Linguística cognitiva 415

Ateliê Editorial
Estrada da Aldeia de Carapicuíba, 897
06709-300 – Granja Viana – Cotia – SP
Telefax: (11) 4612-9666
www.atelie.com.br / contato@atelie.com.br
2013
Printed in Brazil
Foi feito o depósito legal

Sumário

Introdução:

O ser humano como animal simbólico e interativo

Cognição é a capacidade que os seres humanos têm de processar informações adaptando-se às mais variadas situações possíveis, num curto espaço de tempo. Quando dizemos que uma espécie animal se encontra adaptada a um determinado ambiente, sabemos que isso é o resultado de um longo período de seleção natural. O ser humano é a única espécie do planeta capaz de adaptar-se rapidamente às condições mais adversas, modificando o meio ambiente de acordo com suas necessidades, como no caso das estações espaciais orbitais, que permitem ao homem sobreviver nos rigores extremos do espaço exterior.

Dentro de uma visão moderna, superando antigas divisões, a cognição humana engloba a linguagem, a memória, o raciocínio lógico, as emoções e a motivação. Abrange, pois, nossa capacidade de processar informações e de reagir a tudo o que percebemos no mundo e dentro de nós mesmos[1].

Em consequência dessa visão, o princípio básico da linguística cognitiva, institucionalizada principalmente a partir dos anos 1990, é o de que a linguagem não é uma faculdade autô-

1. Essas ideias fazem parte de uma entrevista concedida pelo neurocientista Cláudio Guimarães dos Santos ao médico Dráuzio Varella. Cf. http://www.drauziovarella.com.br/entrevistas/plasticidade_neuronal2.asp.

noma em relação às outras faculdades humanas como a visão, a audição, a memória, a capacidade de pensar e de se emocionar. Por sua capacidade simbólica, a linguagem representa um dos mais importantes fatores que diferenciam o homem dos outros animais. As abelhas, as formigas, os cães e os chimpanzés têm relações sociais, de poder, de hierarquia e comunicam-se entre si, mas o homem é o único capaz de criar representações abstratas. Isso lhe faculta ter consciência de si mesmo e, com a força da sua imaginação, explorar o passado e o futuro. Quando alguém diz algo como – "Daqui a dois dias viajarei para a Europa", representa simbolicamente o tempo (dois dias) e o espaço em que pretende futuramente estar (Europa). Sem o uso da linguagem, isso seria impossível.

Os seres humanos não são os animais mais fortes do planeta, nem os mais ágeis, nem os mais rápidos. Revestidos por uma camada de pele fina e delicada, nossa proteção contra as hostilidades do meio ambiente e as intempéries é bastante limitada. O que nos transformou na espécie terrestre dominante foi o fato de sermos capazes de criar infinitos símbolos vinculados à articulação ordenada de sons. Isso nos deu o privilégio de pensar e nos comunicar de maneira extremamente vantajosa em relação às outras espécies. Somos a única espécie capaz de referenciar em ausência, ou seja, podemos falar de lugares e assuntos que não estão presentes no momento e na situação da enunciação. A linguagem, além de nos dar o privilégio de transmitir nossa herança cultural aos filhos e acumular conhecimento ao longo das gerações, possibilitou o desenvolvimento de um dos nossos maiores diferenciais competitivos: a capacidade de planejamento do futuro.

Mas, como ocorre a comunicação linguística entre os seres humanos? Vamos supor que uma garota diga alguma coisa ao seu namorado. Algo como: "Você se importaria se eu ficasse em casa hoje com minhas amigas?" Ao dizer isso, uma profusão de ondas sonoras atinge os ouvidos dele e ele, imediatamente, integra esses sons a palavras e frases, âncoras compartilhadas socialmente e mentalmente pelos falantes da sua língua. Ao mesmo tempo em que isso acontece, ele acessa seu "conhecimento enciclopédico de mundo" para atribuir sentido ao que lhe foi dito. Primeiramente, recria o contexto de que tinham combinado ir ao cinema. Percebe, também, que ela está procurando ser educada, usando o verbo *importar-se* e, mais ainda, no futuro do pretérito *se importaria*. Pode, ainda, imaginar uma porção de outras coisas. Se for um sujeito normal, vai apenas pensar que ela gostaria, nesse dia, de compartilhar a presença das amigas, privadamente. Mas, se for inseguro, pode também imaginar que ela acha que sua companhia é menos agradável do que a das amigas dela e que sua proposta é um indicador de que ela já não tem por ele o mesmo interesse de antes e por aí afora. Isso pode até mesmo ser verdade, mas é mais provável que ele tenha sido vitimado pelo chamado "efeito Eliza".

Eliza é o nome de um programa de terapia feito para computador, baseado em palavras-chaves, criado nos anos 1960, nos Estados Unidos, por um pesquisador chamado Michael Wallace. Interagindo com esse programa, as pessoas iam atribuindo às suas respostas os mais diversos sentidos, por conta própria, e chegavam a acreditar que estavam, de fato, falando com um terapeuta de carne e osso e não com um computador. Veja o seguinte diálogo entre a máquina e um "paciente":

ELIZA: Alô, eu sou Eliza.

PACIENTE: Oi, Eliza, eu preciso falar um pouco sobre a minha vida.

ELIZA: Oh... sobre a sua vida?

PACIENTE: É, eu estou me sentindo tão mal...

ELIZA: Há quanto tempo você está se sentindo mal?

PACIENTE: Desde ontem. Meu namorado terminou comigo.

ELIZA: Vamos, vamos, esclareça seus pensamentos.

PACIENTE: Bem, eu estou quase certa de que ele ainda me ama.

ELIZA: Você veio até mim porque você está quase certa de que ele ainda ama você?

PACIENTE: Sim. O que eu posso fazer agora?

ELIZA: Talvez você não queira fazer agora[2].

O chamado efeito Eliza é criado por tudo aquilo que o paciente acrescenta, dentro da sua cabeça, às frases programadas pelo computador, movido por seu conhecimento de mundo e por suas emoções. Trata-se de uma interessante encenação daquilo que pode ocorrer num processo real de comunicação entre seres humanos.

Gramática É Conceptualização e Tem Origem no Uso da Linguagem

Um outro princípio básico da linguística cognitiva é que a gramática de uma língua é resultado de conceptualizações, ou seja, envolve a maneira como vemos e recortamos o mundo (dando nomes aos seres), como criamos categorias (a partir de ge-

2. No original em inglês:
> Hello, I am Eliza.
* Hi Eliza, I want to talk with you about my life.
> Oh... about your life?
* Yes, I am felling so bad...
> How long have you been felling so bad?

neralizações) e como estabelecemos semelhanças ou analogias entre as coisas (criando metáforas, por exemplo).

É por meio de processos conceptuais que denominamos, em português, um certo pequeno inseto de carapaça vermelha, decorada com pontos negros, de *joaninha*, personalizando a denominação com um nome próprio feminino. No espanhol, fazendo alusão à religião, esse mesmo inseto recebe o nome de *vaquita de San Antonio* e, no inglês, talvez imaginando a roupa estampada de uma mulher, recebe o nome de *ladybug*.

É por meio de generalizações que chamamos os seres emplumados de aves e as plantas presas ao solo, de vegetais. É a partir da semelhança entre partes do corpo humano ou de animais e partes de objetos, que falamos em *pés da cadeira*, *nariz do avião* ou *bico de gás do fogão*.

A gramática nasce no uso cotidiano da linguagem. Os falantes de português costumam, por exemplo, acrescentar expressões intensificadoras em orações adversativas. Em vez de dizerem simplesmente:

Ele levou todos os documentos, mas não conseguiu o visto no Consulado Americano.

dizem:

* Since yesterday. My boyfriend broke up with me.
> Come, come, elucidate your thoughts.
* Well, I am quite sure he still loves me.
> Did you come to me because you are quite sure he still loves you?
* Yes. What can I do now?
> Perhaps you don't want to do now.
http://www.manifestation.com/neurotoys/eliza.php3.

Ele levou todos os documentos, mas, *mesmo assim*, não conseguiu o visto no Consulado Americano.

Depois de algum tempo, essa expressão *mesmo assim*, que apenas reforça o *mas*, pode tomar o seu lugar, e essa frase pode ser dita como:

Ele levou todos os documentos, mesmo assim, não conseguiu o visto no Consulado Americano.

Veja que a expressão de reforço, *mesmo assim*, passa agora a ter a função gramatical de conjunção adversativa. Vale dizer que, para a linguística cognitiva, não há uma fronteira rígida entre léxico e gramática.

Essa passagem do uso discursivo para a gramática, que acabamos de ver, está acontecendo em nossos dias e, por isso, não é difícil percebê-la. Mas, acredite, toda a gramática que usamos nos dias de hoje já passou por isso em tempos distantes, muitas vezes perdidos na névoa do tempo. Quer ver?

Você sabia que a palavra *morcego* vem do substantivo composto latino *murem caecum*, que queria dizer “rato cego”? Você sabia que *embora* vem de *em boa hora*? Quando alguém dizia: *Eu vou embora*, queria dizer: *Eu vou em boa hora*. Lá pelo fim do século XVIII, as pessoas costumavam também usar essa expressão no início de frases optativas como:

Que em boa hora ele encontre um emprego!

Frases optativas, como você sabe, exprimem desejo e têm o verbo sempre no subjuntivo. Da articulação desse tipo de frase com outra, de sentido oposto, surgiu *embora*, conjunção adversativa, também exigindo o modo subjuntivo, como em:

> *Embora ele encontre um emprego*, não terá, no início, um bom salário.

As situações de uso da linguagem envolvem, obviamente, a sociedade de que participam os falantes, com suas crenças e tabus, e isso pode dar origem a vários fatos gramaticais. A necessidade de evitar situações de constrangimento, por exemplo, pode levar alguns verbos transitivos a apresentar uma regência que omita seu complemento, tornando-o intransitivo[3], como em:

> Infelizmente, seu irmão tem bebido muito.

Fica claro que o sentido de *beber* nessa frase é o de consumir bebidas alcoólicas. A construção intransitiva tem a função de tornar mais discreto o comentário.

O mesmo acontece em uma outra frase como:

> O pior é que, além de beber, por causa das más companhias, ele já está começando também a cheirar.

Fica claro que o sentido de *cheirar* é o de "cheirar cocaína" e que a construção intransitiva tem, também nesse caso, a função de agregar discrição ao que é dito.

É enorme, ainda, o número de expressões idiomáticas que surgem do uso diário da linguagem. Imaginemos o texto a seguir:

3. Cf. Lucilene Hotz Bronzato, "O Enquadre Gramatical da Interdição ou 'Para Bom Entendedor Meia Palavra Basta'", pp. 76-97.

Eu estava num beco sem saída com os gastos no cartão de crédito. Felizmente, caí na real e cancelei o cartão. Isso foi meio caminho andado para defender o meu bolso.

Beco sem saída, cair na real, meio caminho andado, defender o bolso, todas essas expressões têm origem no uso da língua, refletindo situações de locomoção e de contato social.

Complexidade e a Tarefa Cognitivista

Embora o termo complexidade venha sendo usado atualmente com variados significados em áreas como filosofia, sociologia, informática, biologia e teoria do caos, sua ideia central é a de *autoadaptação*.

Existem situações complexas e sistemas complexos. Um engarrafamento de trânsito é uma situação complexa. Dentro dele, os carros vão se adaptando aos poucos uns aos outros, em termos de espaço, e vão adaptando também suas velocidades às condições de tráfego, até que tudo volte ao normal. O corpo humano é um sistema complexo, pois se adapta imediatamente às condições de temperatura ambiente. Se estiver calor, nosso corpo produz suor para resfriá-lo. Se estiver muito frio, aumenta nossa circulação periférica para que fiquemos aquecidos. Se formos confrontados por algo que nos ameace, nosso organismo nos prepara imediatamente para lutar ou fugir.

Nos dias de hoje, a moderna tecnologia vem tendo bastante sucesso na fabricação de artefatos complexos, baseados, sobretudo, nos princípios da chamada *fuzzy logic*, ou lógica difusa, o que permite que estados indeterminados possam ser tratados por dispositivos de controle. É o caso, por exemplo, dos freios ABS[4] e do controle de tração nos automóveis. Por meio de sensores e sistema rápidos de computação, os sistemas de frenagem e de estabilidade adaptam-se, em milissegundos, às condições de aderência do solo e às forças centrífuga e centrípeta que poderiam tirar o veículo da trajetória pretendida por seu condutor.

Os avanços nessa área serão cada vez mais importantes para o desenvolvimento da robótica, o que já se consegue vislumbrar na atuação dos robôs projetados para realizar cirurgias. Numa cirurgia cardíaca feita por robô, por exemplo, seu sistema complexo adaptativo permite que ele corrija eventuais movimentos falhos do cirurgião, aumentando em quase 100% o prognóstico de sucesso do procedimento.

Bem, dado o pressuposto cognitivista de que mente e corpo são funcionalmente indivisíveis, como veremos no capítulo 2, e de que somos um sistema complexo, é fácil concluir que a linguagem humana é igualmente um sistema complexo e, portanto, adaptativo. É por esse motivo que a gramática emerge do uso da linguagem, em situações de interação discursiva.

Níveis de Análise Linguística

Para estudar a linguagem, os estudiosos costumam compartimentá-la, artificialmente, em níveis de análise: o nível dos sons ou fonética e fonologia; o das palavras, a morfologia; o das frases,

4. Esse sistema foi inventado pela Bosch alemã, inicialmente para aplicação em aviões, e recebeu o nome de Antiblockien-Breinssystem, tendo sido traduzido para o inglês como Anti-lock Braking System. Daí o uso do mesmo acrônimo.

a sintaxe; o da unidade construída acima das frases, o texto; o das intenções com que os textos são produzidos, a enunciação; e o nível da interação entre os interlocutores, o discurso.

Para entender melhor a diferença entre texto, enunciação e discurso, vamos imaginar os seguintes diálogos:

A – Você tem horas?
B – Sim, são 10 horas.

A – Você sabia que o Palácio do Planalto vai entrar em reforma total?
B – Bem, em Brasília há ainda o Palácio do Jaburu, não é?

Tudo o que está escrito acima constitui o texto, o produto da fala dos interlocutores. No primeiro diálogo, quando A pergunta se B tem horas, B tem de entender não apenas o que foi dito, mas a intenção de A, que é saber as horas, para dar a resposta que deu: "– São 10 horas". Caso contrário, poderia responder simplesmente "– Tenho, sim", e ponto final. Essa intenção é que recebe o nome de enunciação. Afinal, sempre que dizemos alguma coisa a alguém, temos uma intenção. Pode ser a intenção de passar uma informação, fazer um pedido, dar uma ordem, seduzir o interlocutor etc. etc. A Pragmática, ciência também conhecida como Teoria dos Atos de Fala, é que se ocupa do estudo da enunciação.

Passando ao segundo diálogo, no momento em que A comenta o fato de que o Palácio do Planalto está sendo totalmente reformado, B acessa seu conhecimento prévio (*backstage cognition*) sobre a necessidade de o presidente não poder prescindir de um local de trabalho e responde, fazendo menção à existência de um outro local disponível para o trabalho dele: o Palácio do Jaburu, utilizado normalmente pelo vice-presidente. Esse processamento mental, resultante do contato de B com o texto de A, é que se chama de discurso. É claro que B poderia também ter outro entendimento, construindo, dentro de sua cabeça, um discurso diferente, pondo em foco os gastos com a reforma e responder, por exemplo, algo como:

B – Pois é, o partido do governo já encontrou mais uma maneira de ganhar dinheiro das empreiteiras.

É importante enfatizar, mais uma vez, que o texto produzido por um falante é apenas uma proposta de construção de sentido, uma ponta de *iceberg*. O sentido pleno, a parte maior e submersa do *iceberg*, tem de ser sempre construído dentro de uma situação discursiva de interlocução. Isso vale até mesmo para o entendimento do significado dos substantivos próprios. Se A pergunta para B onde está a Flávia, esse nome só terá sentido se B souber quem é Flávia. Caso contrário, será apenas uma palavra solta no ar. O significado dos substantivos próprios, ao contrário dos comuns, como mesa e cadeira, que já existem dentro do texto, só acontece no nível do discurso.

Concluindo, um texto é sempre o produto de uma enunciação. Enunciação é a intenção do falante, quando produz um texto, e discurso é a instância de interlocução em que são atribuídos os sentidos do texto.

Os grandes temas da linguística cognitiva são os seguintes:

1. Categorização e teoria dos protótipos
2. Linguagem corporificada e esquemas de imagem
3. *Frames* e *scripts*
4. Metáfora

5. Metonímia
6. *Blending*, integração e redes de integração
7. Histórias, parábolas e provérbios
8. Teoria dos espaços mentais
9. Iconicidade
10. Gramática e cognição

Os capítulos seguintes deste livro tratarão de cada um desses temas, individualmente.

1
Categorização e Teoria dos Protótipos

O ser humano possui a habilidade natural de reconhecer similaridades entre duas ou mais entidades e de colocá-las dentro de um mesmo grupo. Essa aptidão foi crucial para a sobrevivência da nossa espécie. Imagine um grupo de homens das cavernas explorando seu território em busca de comida. De repente, surge um tigre de cor negra, ataca um deles e o devora enquanto os outros fogem. Dias depois, os que sobreviveram voltam a procurar comida. Num certo momento, aparece um outro tigre, desta vez de cor marrom clara, que, embora tenha visto aqueles homens, absolutamente não se interessa por eles. Mesmo assim, todos fogem apavorados, pois projetaram a forma do tigre anterior no atual, criando uma categoria: a de animal predador. O mesmo procedimento acontece a todo o momento com todos eles, diante da aparição de animais e plantas que possam servir de alimento e também, é claro, diante da aparição de novos animais que possam representar perigo. Criam-se, assim, inúmeras categorias, orientando a comunidade sobre o comportamento a seguir, para maximizar a possibilidade de viver e passar adiante os seus genes.

Essa capacidade cognitiva de categorização é a que nos permite formar conceitos e a organizá-los numa vasta rede de conhecimento. Mas, como isso acontece? Desde Aristóteles até Wittgenstein, as categorias têm sido vistas como caixas abstratas dentro das quais são depositadas as referências dos seres que compartilham propriedades comuns. Três problemas, contudo, chamaram a atenção de estudiosos, sobretudo na segunda metade do século XX:

1. o sistema da categorização. Quais os princípios que guiam a formação das categorias na mente humana?;

2. o fato de haver seres que, embora apresentem algumas propriedades comuns a outros seres, não se encaixam adequadamente dentro da categoria desses seres, ficando numa espécie de "zona cinzenta";

3. o fato de culturas diferentes apresentarem categorizações diferentes.

Criação de Categorias: Princípios

Para responder à primeira questão, a psicóloga Eleanor Rosch[1] diz que a categorização acontece dentro de duas dimensões, uma vertical e outra horizontal:

veículo	mamífero	móvel
carro	cachorro	sofá
sedã	rottweiler	sofá-cama

1. Eleanor Rosch, "Principles of Categorization".

A dimensão vertical está ligada ao nível de inclusão. Tomemos a categoria *cachorro*. Em relação a ela, a categoria *mamífero* encontra-se localizada num ponto mais alto e inclui mais membros do que a categoria *cachorro*, como *elefante*, *cavalo*, *leão* etc. Já a categoria *rottweiler* localiza-se num ponto mais baixo no eixo vertical e é menos inclusivo do que *cachorro*, pois engloba apenas uma raça de cães. O mesmo acontece com os outros exemplos. As categorias *veículo* e *móvel* são mais inclusivas do que *carro* e *sofá*, respectivamente, e as categorias *sedã* e *sofá-cama*, menos inclusivas.

No nível horizontal, temos categorias distintas, dentro do mesmo grau de inclusão.

Em seus estudos, Rosch chegou à conclusão de que existe um nível ideal de inclusão, em termos de economia cognitiva. É o que acontece com *carro*, *cachorro* e *sofá*, que são denominadas por ela de *categorias de nível básico*. O critério de escolha está vinculado à possibilidade de construir uma imagem no plano mais inclusivo possível. É impossível formar, dentro da nossa cabeça, a imagem singular de um mamífero, mas é fácil formar a imagem singular de um cachorro, gato, cadeira etc. O uso demonstra que é essa a categoria mais funcional em nosso dia a dia. Diante de um cão da raça boxer latindo, ninguém diria algo como – "Esse *mamífero* está latindo muito alto", ou – "Esse *boxer* está latindo muito alto". O normal é dizer: – "Esse *cachorro* está latindo muito alto".

Teoria dos Protótipos

O segundo problema está relacionado ao nível horizontal e pode ser exemplificado pelos pinguins. Embora ponham ovos e tenham asas (atrofiadas), esses animais não as usam para voar.

Elas funcionam como nadadeiras e os pinguins apresentam corpo hidrodinâmico como as focas. Embora não sejam mamíferos como as focas, compartilham mais propriedades com elas do que com as aves.

Para resolver esse problema, Rosch[2], a partir de uma série de experimentos, propôs a existência de *representantes prototípicos*[3] dentro de cada categoria. Esses representantes são aqueles que apresentam um grande número de atributos comuns à maioria dos membros dessa categoria, sobretudo os que exibem relações de semelhança entre si, refletindo, de modo redundante, seus atributos mais comuns. Dentro desse princípio, bem-te-vi, gavião e gaivota são representantes prototípicos da categoria dos pássaros, pois todos eles são bípedes, possuem asas e voam. Já a galinha seria um representante não prototípico, uma vez que voa mal. Em relação à categoria das aves (mais inclusiva), galinha pode ser incluída como representante prototípico, mas pinguim seria um representante não prototípico.

A teoria dos protótipos tornou-se importante não só para o estudo da categorização, mas em grande parte para o estudo das línguas em geral, pois permite descrever mais adequadamente uma série de fatos gramaticais. Vejamos, por exemplo, as seguintes frases em português:

> Ele tinha os documentos, *mas* não conseguiu o visto.
> Ele tinha os documentos, *contudo*, não conseguiu o visto.

2. Eleanor Rosch, "Cognitive Representations of Semantic Categories".
3. Em inglês esses representantes prototípicos são chamados de *Goodness-Of-Exemplar*, abreviadamente, GOE. Cf. William Croft & D. Alan Cruise, *Cognitive Linguistics*, p. 77.

Ambas as conjunções (*mas* e *contudo*) são adversativas, mas *contudo* é a única que pode ser posta em qualquer lugar da oração como se vê em:

Ele tinha os documentos, não conseguiu, *contudo*, o visto.
Ele tinha os documentos, não conseguiu o visto, *contudo*.

Com o *mas* é impossível fazer isso:

? Ele tinha os documentos, não conseguiu, *mas*, o visto.

Conclusão, como *mas* é a única conjunção fixa em sua posição, é também a única que mantém a propriedade inerente à definição de conjunção que é a de ser o elemento que liga uma oração à outra. *Contudo*, pelo fato de poder ficar em qualquer outra posição, não mantém essa propriedade. Podemos, pois, dizer que o *mas* é uma conjunção prototípica, mas *contudo* e outras como *porém*, *todavia*, *entretanto*, são não prototípicas, pois podem ocupar qualquer posição dentro da oração subordinada. O estudo da diacronia corrobora essa análise, pois essas conjunções não prototípicas eram, séculos atrás, advérbios ou locuções adverbiais de reforço, utilizadas sempre conjuntamente com o *mas*, em frases como:

Ele tinha os documentos, *mas*, *contudo*, não conseguiu o visto.

Mais à frente, por terem sido contaminados pelo significado de *mas*, esses advérbios e locuções adverbiais sofreram um processo de gramaticalização, tornando-se, por sua vez, conjunções ou locuções conjuntivas adversativas, mas mantiveram, até hoje, sua propriedade adverbial que é a de figurar em qualquer parte da frase, como em:

Ele foi a Roma, entretanto não viu o papa.
Ele foi a Roma, não viu, entretanto, o papa.
Ele foi a Roma, não viu o papa, entretanto.

Há, também, situações em que uma palavra pode fazer parte de duas categorias, ficando numa espécie de "zona cinzenta". É o que acontece com a palavra *alto*, em contraste com a palavra *bom*. Podemos dizer, por exemplo, "Ele é um homem *bom*", mas diremos: "Ele agiu *bem*". No caso de *alto*, podemos dizer: "Ele é um homem *alto*" e, também, "Ele fala *alto*". *Bom* é, portanto, um adjetivo prototípico, pois é sempre adjetivo, enquanto que *alto*, não, pois pode ser adjetivo ou advérbio. Representando graficamente, teremos:

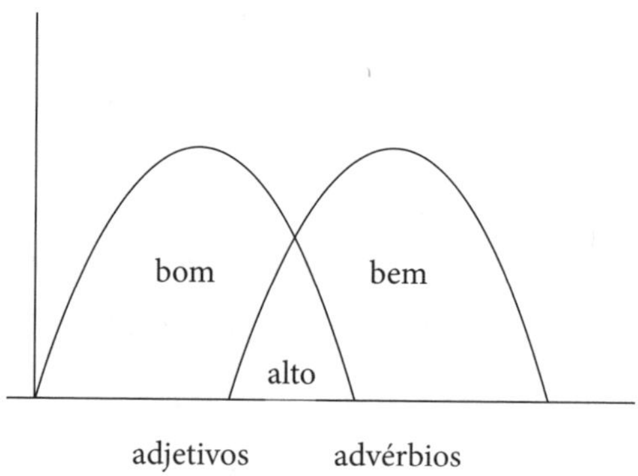

Concluindo, enquanto que *bom* é um adjetivo prototípico, porque só pode ser adjetivo, e *bem* é um advérbio prototípico, porque só pode ser advérbio, *alto* é um representante não prototípico tanto dos adjetivos quando dos advérbios, ficando numa espécie de "zona cinzenta" entre as duas categorias.

Categorização e Cultura

O terceiro problema, o da influência da cultura sobre a categorização, foi levantado de maneira notável por Lakoff, em 1987, em uma obra antológica intitulada *Women, Fire, and Dangerous Things*. Já em seu título, o livro reflete um tipo de categoria criado numa língua aborígene australiana chamada Dyirbal, que coloca numa mesma "caixa abstrata" mulheres, fogo e coisas perigosas, incluindo também pássaros não perigosos. Em Suyá, uma língua indígena brasileira do grupo Macro-Gê, Parque do Xingu, os substantivos possuem um sufixo que indicam que o ser nomeado é humano. Ora, nessa língua, a palavra que nomeia a galinha também possui esse sufixo. E daí? Bem, os Suyá acreditam que as galinhas são membros da sua família. Elas vivem dentro de suas ocas, como se fossem parentes. Matar uma arara para alimentar-se, por exemplo, é comum entre os Suyá, que atiram flechas para o alto, sempre que um bando dessas aves voa sobre suas cabeças, mas jamais fariam o menor mal a uma galinha. Seria uma espécie de fratricídio.

Examinemos o quadro da página seguinte.

Vamos tentar, a partir dele, organizar a categoria dos animais comestíveis. Em países como Brasil e Estados Unidos, a vaca e o porco pertencem à categoria dos animais comestíveis. Na França, teríamos de incluir o cavalo e a rã. Na Coreia, os cães. Em países árabes e em Israel, teríamos que eliminar o porco e, na Índia, a vaca. Na China, teríamos de incluir também os gatos e as lagartixas.

Na gramática das línguas acontece o mesmo. Algumas línguas têm a categoria do neutro, como em latim; outras, não. Uma palavra como *sangue* é feminina em espanhol (*la sangre*) e masculina em português (*o sangue*). A palavra *planeta* é feminina em francês (*la planète*) e masculina em português (*o planeta*).

Animais comestíveis.

Móvel pertence à categoria das palavras contáveis em português. Podemos dizer um móvel, dois móveis, três móveis. Em inglês, a palavra que quer dizer móvel é *furniture* e é não contável. Não podemos dizer, por exemplo, **Those three furnitures are old.* Teríamos de dizer: *Those three pieces of furniture are old.* O mesmo acontece com *informação*, que é contável em português e não contável em inglês. Podemos dizer, em português – "Recebi duas informações". Em inglês, teríamos de dizer: *I received two pieces of information.*

2

Linguagem Corporificada e Esquemas de Imagem

Contrariamente à tradição cartesiana, a teoria de divisão entre mente e corpo não se sustenta dentro dos modernos estudos da neurociência. Diz Johnson[1] que:

> O corpo foi ignorado pelo Objetivismo, porque se acreditava que ele introduziria elementos subjetivos considerados irrelevantes à natureza objetiva do significado. O corpo foi ignorado porque a razão era considerada abstrata e transcendente, que não está vinculada a nenhum dos aspectos corpóreos da compreensão humana.

Nossa percepção da realidade é construída pelo formato do nosso corpo, pela maneira como ele se movimenta, pelo jeito como nossos sentidos percebem a realidade à nossa volta, pela forma como interagimos com o mundo, seus seres e objetos. Um exemplo simples pode ser dado pelas escolhas que fazemos, quando temos de lidar com elementos não contáveis. Ao contrário de coisas como pedras e árvores ou cadeiras e mesas, que po-

1. Mark Johnson, *The Body in the Mind*, p. XIV. No original: "The body has been ignored by Objectivism because it has been thought to introduce subjective elements alleged to be irrelevant to the objective nature of meaning. The body has been ignored because reason has been thought to be abstract and transcendent, that is not tied to any of the bodily aspects of human understanding".

demos contar, dizendo duas pedras, duas árvores, três cadeiras, quatro mesas; outras, como areia, água, o tamanho de um objeto, ou a distância entre dois pontos não podem ser contadas diretamente. Para fazer isso, os seres humanos aprenderam a medir partes dessas coisas e, depois, enumerá-las. É o que acontece, quando dizemos *um punhado de areia* ou *duas braçadas de flores*. *Punhado* e *braçadas* são classificadores partitivos, vinculados a partes do corpo humano: punho e braços. O mesmo acontece, quando medimos algo à altura de nossas mãos em palmos e polegadas (palma da mão e polegar). Se estiver longe das mãos, no chão, é mais cômodo usar os pés, falando em 20 pés, ou 10 passos. Depois de muito tempo utilizando esses recursos corporais, algumas culturas providenciaram classificadores mais precisos como o sistema métrico decimal, ou práticos, como quando fazemos menção, por exemplo, a duas xícaras de farinha de trigo ou uma colher de sopa de fermento, para escrever uma receita de bolo.

É a partir do nosso corpo que criamos conceitos como frente, trás, esquerda, direita, alto e baixo. Como somos seres bípedes, temos de nos manter em equilíbrio constante e, como somos seres móveis, podemos deslocar-nos continuamente. Nos tempos primitivos, dirigíamo-nos para onde havia frutos que podíamos coletar ou animais que podíamos caçar e, modernamente, em direção ao nosso trabalho ou a locais de lazer. Durante nossos trajetos ou interação com seres e objetos, enfrentamos muitas vezes obstáculos que temos de remover, quando temos capacidade física para isso, ou dos quais temos de desviar, em caso contrário. Em tempos remotos, morávamos dentro de cavernas; hoje, em casas ou apartamentos. A partir desses tipos de interação física entre nossos corpos e o ambiente em que vivemos, Lakoff e

Johnson[2] propuseram um modelo chamado de *esquemas de imagem*. Segundo eles, esses esquemas são padrões estruturais recorrentes em nossa experiência sensório-motora que, quase sempre, servem para estruturar conceitos complexos.

Do fato de que, para andar, temos de manter nossa posição ortostática, surge o esquema de EQUILÍBRIO[3] (*BALANCE*, em inglês). Do fato de que nos movemos, nasce o esquema de PERCURSO, composto por três elementos: ORIGEM, TRAJETO e META (*SOURCE-PATH-GOAL*, em inglês). Quando em percurso, podemos nos encontrar com alguém ou com algo. Temos, então, o esquema de CONTATO (*CONTACT*). Podemos enfrentar obstáculos como uma porta fechada, o que configura o esquema de BLOQUEIO (*BLOCKAGE*). Podemos aplicar a força do nosso braço e abrir a porta. Temos, então, o esquema de DINÂMICA DE FORÇAS (*FORCE-DYNAMICS*), por meio do qual exercemos controle sobre o obstáculo. Podemos entrar em um edifício ou em um automóvel; podemos pôr alguma coisa dentro dos nossos bolsos. Temos, então, o esquema de *CONTAINER*.

No esquema de *CONTAINER* temos três partes: dentro, fora e uma fronteira a ser transposta:

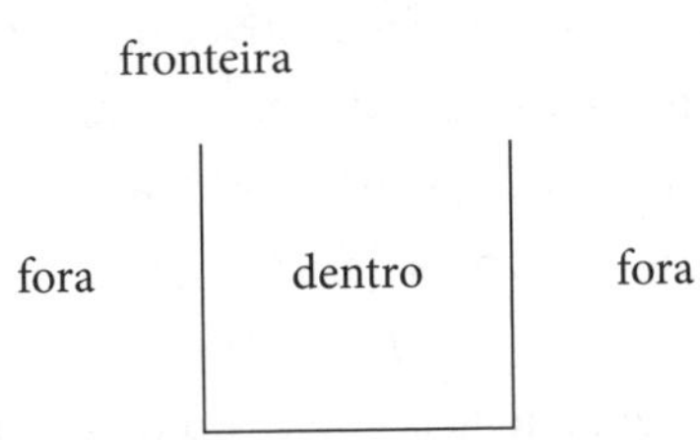

2. George Lakoff e Mark Johnson, *Philosopy in the Flesh: The Embodied Mind and Its Challenge to Western Thought*.
3. Por convenção, os nomes dos esquemas de imagem são sempre transcritos em letras maiúsculas.

Vários linguistas vêm utilizando os esquemas de imagem para a descrição de seus dados e, nessa tarefa, têm agregado novos esquemas à proposta inicial de Lakoff. Entretanto, um trabalho recente chama a atenção. Trata-se da proposta de Peña[4] que dispõe os esquemas de imagem em uma espécie de rede topológica mais geral, criando uma hierarquia entre eles. O esquema primário é, segundo ela, o de *BOUNDED REGION*, que pode ser traduzido em português por REGIÃO DELIMITADA. Se essa região se limita a uma só dimensão, temos o esquema de PERCURSO. Se compreende duas dimensões, temos o esquema de SUPERFÍCIE (*SURFACE*). Finalmente, se essa região compreende três dimensões, temos o esquema de *CONTAINER*. Essa proposta é extremamente bem-vinda, pois resolve situações em que o esquema de *CONTAINER*, apenas, era insuficiente. Uma sala, por exemplo, seria um exemplo prototípico de *CONTAINER*, mas uma mesa também poderia ser um *CONTAINER*. Como estabelecer, contudo, a diferença entre esses dois tipos de *CONTAINER*? Com a proposta de Peña, a mesa seria uma SUPERFÍCIE. Cria-se, assim, segundo ela, um conceito mais maleável de fechamento e separação. Uma entidade numa superfície está parcialmente fechada nela. Trata-se de uma separação relativa. Já, se essa entidade estiver num *CONTAINER*, estará totalmente fechada ou totalmente separada. A partir dessas imagens, é possível agregar imagens subsidiárias. A partir do *CONTAINER*, por exemplo, teremos duas imagens subsidiárias: CHEIO-VAZIO (*FULL-EMPTY*) e EXCESSO (*EXCESS*).

Ligada ao esquema de PERCURSO, podemos ter FRENTE-TRÁS (*FRONT-BACK*). Ligados ao esquema de SUPERFÍCIE, podemos ter

4. M. Sandra Peña, "Dependency Systems for Image-shematic Patterns in a Usage-based Approach to Language".

ainda PERTO-LONGE (*NEAR-FAR*) e CONTATO (*CONTACT*). Do contato dinâmico entre duas entidades, temos o esquema de DINÂMICA DE FORÇAS (*FORCE-DYNAMICS*).

Um outro esquema derivado de SUPERFÍCIE é o CENTRO-PERIFERIA (CENTRE-PERIPHERY), valorizando o centro como mais importante e o periférico como menos importante.

Há ainda o esquema de LIGAÇÃO (LINK), em que temos duas ou mais entidades, uma configuração e uma conexão entre elas. As entidades podem ser iguais ou pode haver o domínio (controle) de uma delas sobre a(s) outra(s). Exemplo:

Já se estabeleceu uma ligação entre o câncer e o cigarro. (Controle do consumo do tabaco sobre o câncer.)

Todos esses esquemas se repetem dentro da nossa experiência diária e são utilizados, a toda hora, para fazer projeções metafóricas, como nos exemplos a seguir:

PERCURSO
Estou quase *no fim* do meu trabalho.
Tenho muito ainda a *caminhar* no meu projeto.
Nosso relacionamento *está estacionado* há muito tempo.

CONTAINER
Essa ideia *não entra* na minha cabeça.
Ela está com o diabo *no corpo*.
Sua memória vive *em meu coração*.

EQUILÍBRIO
Aquele presidente é um *desequilibrado*.
Meu coração já *balançou* por aquela garota.

LIGAÇÃO
Mantenha-se em *contato* comigo. (*Be in touch*, em inglês.)

DINÂMICA DE FORÇAS
Ministro *entra em rota de colisão* com presidente de estatal.
O novo secretário vai ter de *remover* ainda alguns obstáculos importantes esta semana.

EXCESSO
Aquela mentira, para mim, foi a *gota d'água*.

Veja o bonito trecho da peça *A Tempestade*, em que Shakespeare emprega o esquema de DINÂMICA DE FORÇAS para descrever, num certo clima de humor negro, a luta dos marinheiros contra a força de uma tempestade:

GONZALO – Tenho muita confiança neste camarada. Não tem cara de quem há de morrer afogado. Tem mais cara de enforcado. Persisti, bondoso destino, no enforcamento dele. Fazei que a corda de seu destino seja nosso cabo, que o nosso mesmo não oferece nenhuma resistência. Mas se ele não nasceu para a forca, nossa situação é miserável[5].

Temos aí a fala do Conselheiro Gonzalo que descreve a ação de um marinheiro defendendo sua nau contra a tempestade. Há vários cabos nessa história. O primeiro é o que está fisicamente nas mãos do marinheiro, sustentando a mezena, vela situada no mastro de ré que segura um barco em ocasião de mau tempo. Um outro é a corda que o enforcaria no futuro. Um terceiro, no "desejo" do conselheiro, é o que prenderia o destino do marinheiro ao salvamento do barco, o que acarretaria o salvamento

5. Shakespeare, *A Tempestade*, ato 1, cena 1, www.virtualbooks.

da nau pela resistência dinâmica do cabo da mezena, e a futura morte do pobre marujo, enforcado pela resistência dinâmica de um outro cabo (a corda), colocada em volta do seu pescoço.

Acrescento, a seguir, um esquema ilustrativo dos principais esquemas de imagem, relacionados em rede, de acordo com a proposta de Peña (*op. cit.*):

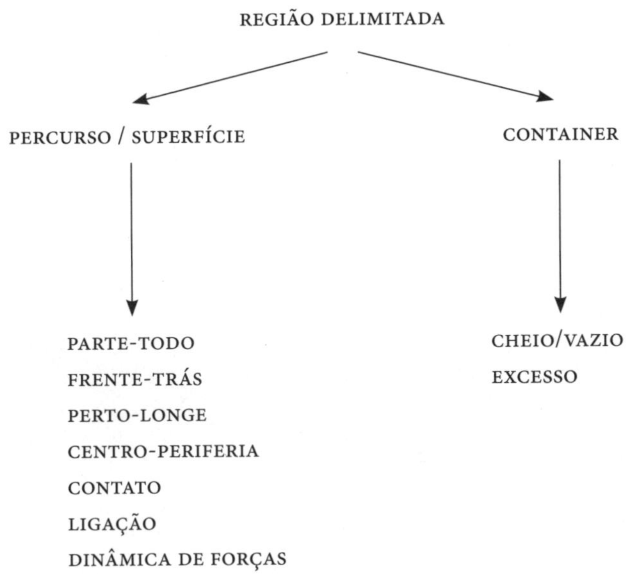

3
Frames e *Scripts*

Quando falamos de *Natal*, imediatamente associamos a essa palavra diversas ideias ligadas ao seu significado. Primeiramente, o nascimento de Cristo, seu sentido prototípico por assim dizer, e, a partir daí, podemos pensar também na Virgem Maria, São José, presépios, reis magos, Papai Noel, presentes, árvore de natal, fraternidade, compras etc. etc. O conjunto de tudo isso, *grosso modo*, constitui um *frame*. Um *frame* é, portanto, o domínio semântico vinculado a uma palavra, formado tanto por um conjunto de elementos prototípicos, que pode ser considerado uma espécie de "núcleo duro", como também por outros elementos vinculados à imaginação, como diz Kövecses[1]:

> *Frames* são construtos da nossa imaginação – e não representações mentais que se encaixam diretamente em uma realidade objetiva preexistente. Resumindo, *frames* são dispositivos imaginativos da mente.

Quando alguém nos fala em avião, associamos imediatamente a ele ideias como decolagem, pouso, aeroporto, pilotos,

1. "Frames are constructs of our imagination – and not mental representations that directly fit a preexisting objective reality. In short, frames are imaginative devices of the mind." Zoltán Kövecses, *Language, Mind and Culture: A Practical Introduction*, p. 69.

comissários. Isso seria, digamos assim, o núcleo duro desse *frame*. Mas podemos ainda associar avião a medo de voar, de perder a bagagem, desconforto em viagens longas, acidentes aéreos de que nos lembramos e tudo mais que nossa imaginação permitir.

Os *frames* são também alimentados por aspectos culturais e isso significa que podem sofrer mudanças históricas. O verbo *comemorar* (*memorar com*), de acordo com os registros clássicos da língua, significava antigamente apenas trazer à lembrança, recordar, na companhia de outras pessoas. Modernamente, contudo, foi associada a seu *frame* a ideia de festejar. Seria estranho, hoje em dia, alguém dizer:

? – Estamos comemorando hoje um mês da morte da minha mãe.

Tal afirmação seria contraditória ao senso comum. Vemos, entretanto, na imprensa, de maneira usual, frases como:

Comemoraremos este ano 100 anos da morte de Joaquim Nabuco.

É claro que fica aqui, subentendida, a ideia de aproveitar a data da sua morte para festejar, homenagear tudo aquilo que o grande escritor, diplomata e abolicionista fez pelo Brasil.

O mesmo acontece com muitos símbolos que, ao longo da história, foram incorporando outros sentidos ao seu inicial e eliminando, eventualmente, sentidos anteriores. É o caso da cruz, por exemplo, como símbolo cristão.

Antes do cristianismo ela era apenas um instrumento de suplício e execução, entre os romanos. Ninguém, em sã consciência, andaria pelas ruas de Roma, no início do século I, com uma joia em forma de cruz pendurada a um corrente no pescoço, pois seria visto como um doido perigoso. Com a morte de Cristo em uma cruz, agregaram-se a ela os sentidos de salvação e religiosidade.

Por outro lado, mesmo hoje, se um cristão se aventurar a dar um passeio por uma cidade árabe, portando uma cruz visível em seu peito, correrá o risco de sofrer algum tipo de constrangimento moral e até mesmo físico, pois, vinculada ao *frame* da cruz nos países árabes está a memória histórica dos sofrimentos infligidos aos muçulmanos pelos cruzados, durante as guerras pela posse da Terra Santa. No Irã atual, desde que o aiatolá Khomeini fundou a República Islâmica, é proibido o uso da gravata, porque, segundo ele, a gravata lembra uma cruz cristã pendurada no pescoço. Mesmo em viagens ao Ocidente, seus líderes jamais usam esse adereço.

O conjunto de elementos que compõem um *frame* não é, pois, um conjunto fechado e inclui até mesmo dados da experiência individual. Se eu penso na palavra *calcanhar*, por exemplo, posso associá-la, imediatamente, a uma parte do pé, e, em seguida, à perna, ao corpo humano, o que constitui seu núcleo duro prototípico. Mas posso acrescentar também a seu *frame* a palavra *calcanhar-de-aquiles* que significa, na cultura ocidental, o lado ou aspecto físico, moral ou intelectual, por onde alguém é vulnerável, seu ponto fraco. Posso, ainda, associar a *calcanhar*, dentro da cultura futebolística brasileira, a ideia de passe de calcanhar ou de gol de calcanhar. E, como consequência, surgem até mesmo restrições sintáticas no emprego dessa palavra com esse sentido, pois não podemos dizer, por exemplo, **gol por calcanhar* ou **passe a calcanhar*. A preposição *de*, nesse caso, é obrigatória.

Scripts

Podemos ter também uma ordenação cronológica dos elementos de um *frame*, em termos culturais[2], uma espécie de roteiro que recebe o nome de *script*:

> Um *script* descreve uma situação estereotipada em uma cultura – uma situação em que eventos se desenrolam através do tempo.

Se falamos em casamento, por exemplo, além da associação com as ideias de noiva, noivo, padrinhos, presentes, igreja, festa, alianças etc., percebemos que existe em nossa mente um *script* ou roteiro para casamento: primeiro o casamento na igreja, depois a festa, e não o contrário. Durante o casamento na igreja, primeiramente a noiva entra pela porta principal conduzida pelo pai, que a entrega ao noivo que já a espera junto ao altar. Depois, vem a atuação dos padrinhos, do padre, a troca de alianças, a bênção final e a saída dos noivos, já casados, pela nave central do templo. É uma ordem que não pode ser alterada. Se dissermos, por exemplo, que começou a chover quando a noiva ia saindo da igreja, não precisamos acrescentar que ela já estava casada, saía de braço dado com o marido e que caminhava pela nave central, vindo do altar em direção à porta principal do templo.

O mesmo ocorre quando dizemos a um amigo que o árbitro marcou um pênalti contra o nosso time aos 45 minutos do segundo tempo. Recorrendo ao *script* de uma partida de futebol, ele sabe que a falta foi dentro da área do nosso time e que aconteceu um minuto antes do final do jogo.

2. Zoltán Kövecses, *op. cit.*, p. 70. No original: "A script describes a stereotypical situation in a culture – a situation in which events unfold through time".

4
Metáfora

Nunca se produziram, em todo o mundo ocidental, tantos trabalhos sobre a metáfora como nos últimos anos. O primeiro deles, que deu início a todo um trabalho de revisão desse conceito, foi o escrito por Lakoff e Johnson, intitulado *Metaphors We Live By*, em 1980. Foram duas as novidades desse estudo. A primeira delas foi mostrar que a metáfora não era restrita a ser apenas uma figura de linguagem, mas, ao contrário, era um recurso conceptual largamente utilizado pelos seres humanos em seu dia a dia, principalmente quando entram em ação as nossas emoções. É bastante comum observar pessoas com baixa ou nenhuma escolaridade, quando emocionadas, utilizarem metáforas como:

> Hoje estou quebrado.
> Minha cabeça está explodindo.

A segunda novidade foi simplificar a descrição da metáfora, dizendo:

> A essência da metáfora é entender e experienciar um tipo de coisa em termos de outra[1].

1. "The essence of metaphor is to understanding and experiencing one kind of thing in terms of another." George Lakoff e Mark Johnson, *Metaphors We Live By*, p. 5.

Segundo esses autores, a metáfora implica uma transposição de domínios. Escolhe-se alguma coisa em um domínio de origem e transpõe-se para um domínio alvo. Exemplo:

Aquele seu amigo é um cavalo.

Domínio de origem	→	Domínio alvo
cavalo		*amigo*

É claro que, nessa situação, entram em ação os *frames* de ambos os domínios. Para *cavalo*, teríamos traços como: mamífero, quadrúpede, alto, forte, rápido, capaz de empinar, escoicear etc. Dependendo do contexto em que a frase acima seja utilizada, alguns elementos desse *frame* são transpostos para o item lexical *amigo*. Se dissermos algo como:

Aquele seu amigo é um cavalo. Sua ajuda no transporte da minha mudança foi decisiva.

é claro que o traço *forte* seria o selecionado. Mas se dissermos algo como:

Aquele seu amigo é um cavalo. Você viu como fez a namorada dele sair chorando da festa?

o traço selecionado seria algo como "capaz de dar coices".

Para dar conta dessa seleção de elementos, Fauconnier e Turner[2] utilizam o conceito de *blend* (em português *mesclagem*),

2. "The Origins of Blending Theory lie in the research programmes of Gilles

propondo um esquema como o seguinte para a descrição da metáfora *cavalo* neste último contexto:

ESPAÇO GENÉRICO

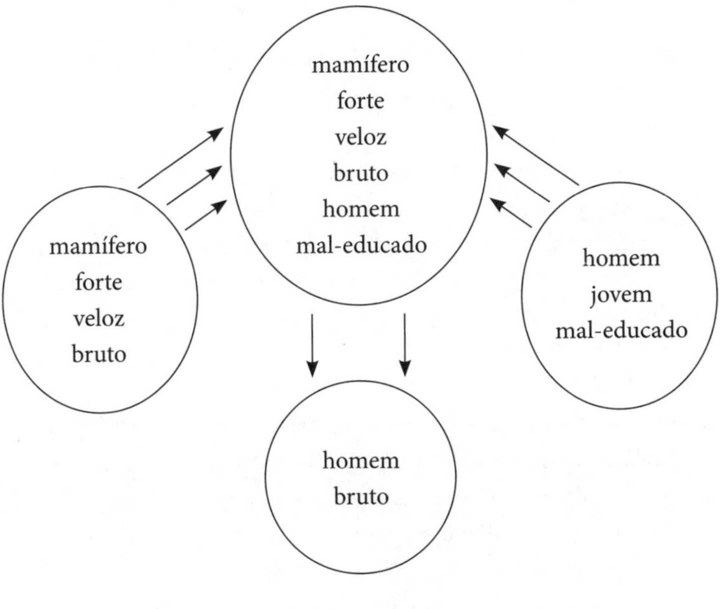

Espaço *blend*
Este homem é um cavalo.

No espaço referente a cavalo (domínio de origem), o falante destaca como figura o(s) traço(s) do *frame* que ele deseja aplicar no domínio alvo (homem mal-educado). No caso, apenas o

Fauconnier and Mark Turner." Vyvyan Evans e Melanie Green, *Cognitive Linguistics*, p. 401.

traço *bruto*. Os outros traços do *frame* de cavalo (*mamífero*, *forte*, *veloz*) são relegados à posição de fundo. São desintegrados, ou seja, desabilitados. É dessa maneira que surge a metáfora.

INTERVALO:
O que É Mesmo Gestalt?

Gestalt é uma importante teoria vinculada à psicologia da percepção, criada na Alemanha no início do século XX, fundamentada na tese de que o todo é maior do que a simples soma de suas partes[1]. Seu aspecto mais conhecido é a oposição figura-fundo, trabalhada de maneira bastante didática por Friedrich Perls (1893-1970)[2].

Vamos partir de um exemplo. Imagine que várias pessoas tenham sido convidadas para uma festa. Um dos convidados resolveu aparecer apenas para poder beber de graça. Lá chegando, depara-se com um ambiente requintado cheio de tapetes, quadros, em que várias pessoas conversam e riem ao som de uma agradável música ambiente. Assim que entra, sua atenção se volta para um canto da sala onde há bebidas e copos de cristal. Dirige-se para lá. Ao chegar, um garçom lhe oferece

1. Nessa teoria, cuja tradução para o português poderia ser *configuração*, o todo resulta da integração de suas partes, em termos qualitativos. Quando juntamos o cloro, por exemplo, um gás venenoso, ao sódio, usado na fabricação de detergentes, obtemos não uma simples soma dos dois, mas sua integração no cloreto de sódio, que é o sal de cozinha, uma substância não venenosa.
2. Fritz Perls, *A Abordagem Gestáltica e Testemunha Ocular da Terapia*.

uísque em um copo cheio de gelo. Ele aceita e bebe seu primeiro gole. Para esse homem, o ambiente da festa, a decoração, a música, as pessoas, tudo funcionou apenas como fundo. As bebidas eram sua figura. Movido pelo interesse em beber, foi até elas e se serviu, satisfazendo sua vontade. Ao fazer isso, dizemos que ele "fechou a sua *gestalt*". Um processo gestáltico envolve, portanto, uma relação figura-fundo, a partir do interesse de alguém. No momento em que esse interesse é satisfeito, fecha-se a *gestalt*. Imaginemos um segundo convidado que foi a essa festa para encontrar-se com a namorada. Lá chegando, depara-se com o mesmo ambiente. Seu olhar, contudo, dirige-se ao rosto das pessoas. Depois de alguns minutos, vê, ao longe, a namorada. Dirige-se até ela e a abraça. Fechou sua *gestalt*. Um terceiro convidado foi à festa apenas para não dizer não à pessoa que o havia convidado. Bastante cansado por um dia de trabalho estafante, entra no mesmo ambiente, ouve a música, observa as pessoas e vê uma poltrona bastante confortável a um canto da sala. Dirige-se até ela e senta-se. Pronto! Ele fechou aí a sua *gestalt*.

Ao longo do dia, fechamos inúmeras *gestalts* em vários momentos. Logo que nos dirigimos à cozinha (fundo), pela manhã, nossa figura é a geladeira, por exemplo. Abrindo-a, ela transforma-se em fundo e a próxima figura passa a ser o que queremos comer: um pedaço de queijo, uma fruta. Ao entrar na garagem (fundo) nossa figura passa a ser o automóvel. Dentro dele (agora fundo), a próxima figura de interesse são os comandos: o acionamento da partida, liberação do freio de estacionamento etc. etc.

FIM DO INTERVALO

Voltando à teoria da metáfora, podemos rever nosso caminho: diante do *frame* do *input* 1, ou domínio de origem, visto como fundo, escolhemos, segundo nosso interesse, aquilo que deve ser figura. Em seguida, mesclamos essa figura com aquilo que, segundo nosso interesse, é também figura no *frame* do *input* 2. Dando um outro exemplo, imagine que um jornalista diga que, na corrida em que Schumacher conquistou seu heptacampeonato de Fórmula 1, ele foi um leão na pista. No *frame* de leão (fundo) temos força, coragem, juba, rabo, mordida poderosa etc. A figura do jornalista, seu interesse gestáltico, contudo, são apenas a força e a coragem. Ele despreza, por exemplo, o rabo, a juba e todos os outros atributos do leão. Ao aplicar essa imagem ao corredor campeão, escolhe nele, como figura, seu desempenho na pista, desprezando todos seus outros atributos como sociabilidade, país de origem etc. etc. que ficam fazendo parte do fundo. Nesse sentido a criação da metáfora envolve uma dupla *gestalt*, subordinada aos pontos de vista do seu criador.

Metáforas Primárias

Lakoff e Johnson, em sua obra pioneira *Metaphors We Live By*, constataram que existem metáforas, quase sempre as mesmas, empregadas regularmente em diferentes línguas do mundo, a partir de domínios conceptuais que configuram organizações coerentes da experiência humana e que representam a maneira como pensamos e agimos. Essas metáforas são empregadas frequentemente para entender teorias e modelos, ligando uma ideia a uma outra, para garantir uma melhor compreensão. Receberam elas o nome de *metáforas conceptuais* ou *metáforas cognitivas*. Entre elas, destacam-se as chamadas *metáforas primárias* propostas por Lakoff e Johnson[3] a respeito das quais dizem o seguinte:

> Se você é um ser humano normal, você inevitavelmente adquire uma enorme gama de metáforas primárias apenas andando pelo mundo, movendo-se e percebendo coisas de maneira constante.

Eis algumas delas[4]:

Afeição é quente: Eles me cumprimentaram calorosamente.

Importante é grande: Amanhã será um grande dia.

Felicidade é para cima: Estou me sentido pra cima hoje.

Intimidade é proximidade: Nós estivemos muito próximos durante anos, mas estamos nos distanciando cada vez mais.

Dificuldades são pesos: O presidente está debaixo de uma grande responsabilidade.

Similaridade é proximidade: Essas cores não são as mesmas, mas estão bastante próximas.

Escalas lineares são trajetos: A inteligência de Maria vai além da inteligência de Marta.

Organização é estrutura física: Como as peças dessa teoria se encaixam?

Ajuda é sustentação: Eu sustento minha família desde pequeno.

Tempo é movimento: O tempo voa.

Estados de espírito são espaços físicos: Estou perto de uma depressão; a próxima coisa que der errado vai me pôr na beira do abismo.

3. George Lakoff e Mark Johnson, *Philosophy in the Flesh: The Embodied Mind and Its Challenge to Western Thought*. No original: "If you are a normal human being, you inevitably acquire an enormous range of primary metaphors just by going about the world constantly moving and perceiving".
4. *Idem*, pp. 50-54.

Propósitos são metas: Ele tem tido sucesso ultimamente, mas ainda não chegou lá.

Conhecer é ver: Estou vendo onde você quer chegar com essa proposta.

As experiências que fundamentam as metáforas primárias são adquiridas ao longo da vida, desde a infância. Quando pequenos, as pessoas importantes para nós são os adultos, as pessoas grandes. Daí a metáfora primária *importante é grande*. Ainda quando pequenos, experimentamos o conforto, a intimidade, quando alguém nos abraça e sentimos o calor do seu corpo. Daí a metáfora primária *afeição é quente*.

As metáforas conceptuais estão, quase sempre, ancoradas na experiência corporal. De acordo com Gibbs Jr., Lima e Françozo[5]:

> Uma importante observação a respeito das metáforas conceptuais é que muitos de seus domínios de origem refletiam padrões significativos da nossa experiência corporal. Por exemplo, a maneira como nós falamos a respeito da vida ou do amor como um tipo de jornada, refere-se à experiência corpórea das pessoas movendo-se a partir de um ponto de origem, ao longo de um trajeto, para alcançar ou tentar alcançar algum destino. Cientistas cognitivistas vêm explorando as implicações dessa ideia a respeito dos domínios de origem em metáforas conceptuais e defenderam,

5. Raymond W. Gibbs Jr.; Paula Lenz Costa Lima e Edson Françozo, *Metaphor Is Grounded in Embodied Experience*, p. 1192. No original: "An important observation about conceptual metaphors is that many of their source domains reflected significant patterns of bodily experience. For instance, the way we talk about life or love as a kind of journey refers to the very embodied experience of people moving from some starting point, along a path, to reach, or attempt to reach some destination. Cognitive scientists have explored the implications of this idea about the source domains in conceptual metaphors and explicitly argued that metaphor in both thought and language partly arises from these recurring patterns of embodiment".

explicitamente, que a metáfora, tanto no pensamento quanto na linguagem, em parte tem origem nesses padrões recorrentes da corporificação.

Segundo esses autores, essa ancoragem se dá por meio de modelos de nossa interação com o mundo, a partir dos esquemas de imagem. Realizaram eles uma pesquisa de campo comparando falantes nativos norte-americanos e brasileiros de nível universitário, na utilização do *frame* da fome como domínio de origem para projetar sobre o tópico *desejo*, em frases como:

Ele tem fome de saber.
Ele tem sede de vingança.

He thirsts for recognition.
He hungers for adventure.

Nesse trabalho, eles conseguiram demonstrar o caráter universal da corporificação da metáfora e dos esquemas de imagem, ao mesmo tempo em que constataram haver diferenças culturais periféricas:

> As variações quanto às intuições do falante de inglês e de português refletem algo sobre como as experiências culturais dão forma a algumas das nossas interpretações corporificadas da fome. Brasileiros, por exemplo, vivem em uma cultura em que a pobreza e a fome são mais salientes do que são vistas em muitas partes da Califórnia, e não é nenhuma surpresa perceber que participantes brasileiros conceberam as consequências corporificadas da fome em termos mais severos[6].

6. *Idem*, p. 1204. No original: "The variations in English and Portuguese speaker's intuitions reflect something of how cultural experiences shape some of our embodied understandings of hunger. Brazilians, for example, live in a culture

Metáfora e Valores

Um fato a ser levado em conta no estudo da metáfora é que, juntamente com a transferência do(s) traço(s) selecionado(s) do domínio de origem, são transferidos valores. Certa vez, conversando com um religioso que trabalhava na periferia da cidade de Campinas com grupos carentes, ele me disse que era difícil ensinar às crianças o *Pai Nosso*, pois, como pai é uma metáfora de Deus e a experiência pessoal dessas crianças a respeito de seus pais era bastante negativa (pais que bebiam, batiam em suas mães e lhes tomavam o dinheiro), era conflitante falar do "Pai Nosso" que estava no céu, que trazia o pão nosso de cada dia etc. etc.

Heloísa Helena Baldy dos Reis[7], em sua tese de livre-docência sobre violência no futebol, diz que um dos motivos que levam os torcedores a serem violentos é a metáfora da guerra, constantemente utilizada pela imprensa para tratar desse esporte. Afinal, são comuns títulos de matéria como "São Paulo massacra Palmeiras", "Com Dois Tiros Certeiros, Grêmio Destrói a Defesa do Internacional".

Funcionalidade da Metáfora

Dentro de uma visão funcionalista, pode-se fazer a pergunta: para que servem as metáforas? Por que os seres humanos fazem uso delas de modo tão constante? Uma primeira consideração

where poverty and hunger is more salient than is seen in most parts of California, and it is not surprising to see that the Brazilian participants viewed the embodied consequences of hunger in more severe terms".

7. Heloísa Helena Baldy dos Reis, *A Violência nos Estádios: Um Estudo Comparado entre Brasil e Espanha*. Tese de livre-docência Unicamp, 2004.

seria a de que ela acrescenta um aspecto emocional àquilo que falamos, ao trabalhar com imagens, potencializando a comunicação. Afinal, segundo a moderna neurociência, os seres humanos possuem "duas mentes" corporificadas, uma emocional, bastante antiga, pré-histórica, e outra, racional, bastante recente. A mente emocional é mais rápida e leva à ação. É por meio dela que nossos ancestrais reagiam prontamente a alguma ameaça e se punham a salvo, ou diante da presença de algo comestível, procuravam alimentar-se prontamente. A mente racional é mais lenta e costuma pesar prós e contras. A mente emocional é programada, há milhões de anos, para reagir rapidamente diante de imagens eufóricas, como uma árvore carregada de frutos, ou disfóricas, como a aproximação de um animal predador. Quando alguém diz que está exausto, isso transmite uma mensagem racional, mas quando diz que está "quebrado" ou "com a língua no chão", essas imagens transmitem uma mensagem emocional mais intensa. Como resultado disso, as metáforas podem ser úteis, para facilitar o entendimento de conceitos abstratos.

Em vez de dizer, como Houaiss em seu dicionário[8], que "revolução (*no sentido político*) é um movimento de revolta contra um poder estabelecido, feito por um número significativo de pessoas, em que geralmente se adotam métodos mais ou menos violentos", posso fazer como John Kenneth Galbraith, em seu livro *A Era da Incerteza*[9] e dizer que "revolução é um ponta-pé que dá em uma porta já podre". Essa metáfora sintetiza de maneira genial não só o aspecto violento de uma revolução (ponta-pé), mas inclui também a condição de que o poder estabele-

8. Antônio Houaiss, *Dicionário Houaiss da Língua Portuguesa*.
9. John Kenneth Galbraith, *A Era da Incerteza*.

cido contra o qual se faz a revolução costuma estar fraco, sem condições de resistir.

Uma outra função da metáfora é a argumentativa, no dizer de Lakoff e Johnson:

> A metáfora pode ter um efeito de retroalimentação, guiando nossas futuras ações, de acordo com ela. Metáforas podem, assim, ser apropriadas, porque sancionam ações, justificam inferências e nos ajudam a estabelecer metas[10].

Veja o poder argumentativo criado pelas metáforas no trecho a seguir, retirado do primeiro ato da tragédia *Otelo,* de Shakespeare. No meio da noite, o pérfido Iago surge na casa de Brabâncio, pai de Desdêmona e quer convencê-lo de que o mouro lhe seduziu a filha e que ele deve tomar providências urgentes para prendê-lo. Diz, então:

> IAGO – Por Deus, senhor! Fostes roubado! Vesti depressa qualquer coisa que vos cubra! Cobri-vos. Tendes o coração rompido! Perdestes a metade de vossa alma! Agora, neste instante, agora mesmo um velho carneiro negro está cobrindo a vossa ovelhinha branca! De pé! De pé! Mandai tocar a rebate! Despertai os burgueses do seu sono! Rápido! Rápido! Enquanto o diabo, num esfregar de olhos, não vos faz um neto! Rápido! Já![11]

Percebe-se que a metáfora *metade de vossa alma*, caracterizando Desdêmona e as metáforas *carneiro negro* e *diabo* carac-

10. George Lakoff & Mark Johnson, *Metaphors We Live By*, p. 142. No original: "The metaphor can have a feedback effect, guiding our future actions in accordance with the metaphor. Metaphors can thus be appropriate because they sanction actions, justify inferences, and help us set goals".
11. Shakespeare, *Otelo, o Mouro de Veneza*, p. 9.

terizando Otelo têm a intenção de persuadir Brabâncio a verificar, sem demora, se Desdêmona está em casa ou fugiu com o mouro. Mas talvez isso não baste. Diz então Iago, logo a seguir:

> IAGO – Pelo Santo Cristo! Sois daqueles que se negariam a servir a Deus, se o diabo lhes ordenasse isso! Mas não faz mal. Viemos aqui para vos prestar um serviço. Mas como nos tomastes logo por bandoleiros, o resultado é que vereis a vossa filha coberta por um cavalo da Berbéria. Quereis que os vossos netos relinchem para vos pedir a bênção? Agrada-vos uma parentela de corcéis e ginetes?[12]

A metáfora *cavalo da Berbéria* aplicada a Otelo e a de *relinchar* para voz dos netos e ainda a denominação deles como *corcéis e ginetes* é decisiva para a ação de Brabâncio, que, logo em seguida, constata que Desdêmona realmente não estava em casa e parte com um grupo de soldados à procura da filha na casa de Otelo.

12. *Idem*, p. 10.

5
Metonímia

A metonímia é um dos principais recursos de conceptualização. Diante de uma pessoa sentada à minha frente em uma mesa de restaurante, meu campo visual se restringe no máximo a uma parte do seu tronco, braços e a cabeça. Meu cérebro, porém, faz uma projeção dessa parte visível no todo que é o seu corpo e conclui que se trata de uma pessoa inteira que está do outro lado da mesa. O mesmo acontece quando eu mostro uma foto 3×4 da minha prima a um amigo que a conhece. Ele não diz: – "Ah, essa é a cabeça da sua prima", mas, simplesmente: – "Ah, essa é a sua prima". Ele diz isso por ter feito, de modo inconsciente, a projeção da imagem da sua cabeça (parte) em seu corpo (todo).

A metonímia difere da metáfora porque nela há apenas um domínio e não dois. Ela ocorre dentro de um mesmo domínio. Há um percurso do todo para uma parte desse domínio, do ponto de vista de quem a emprega, e dessa parte para o todo, do ponto de vista de quem a "decodifica". Esquematizando, temos:

Domínio de origem — Domínio alvo

TODO ⟶ PARTE

Essa situação de utilizar a cabeça de uma pessoa para identificá-la corresponde àquilo que Langacker[1] chama de zona ativa (*active zone*). A mesma coisa acontece quando alguém pergunta a alguém quanto gado possui em sua fazenda e recebe como resposta: – "Umas três mil e quinhentas cabeças". Diz Kövecses[2] que:

> Totalidades têm zonas ativas que são inconscientemente identificadas no processo de entendimento de frases que envolvem certas metonímias TODO PELA PARTE.

A escolha da zona ativa depende também da maneira como estamos visualizando o todo, dentro de cada situação concreta. Se

1. Ronald Langacker, *Foundations of Cognitive Grammar*, vol. 2.
2. Zoltán Kövecses, *op. cit.*, p. 100. No original: "Wholes have active zones that are unconsciously identified in the process of understanding sentences that involve CERTAIN WHOLE FOR PART metonymies".

precisamos de ajuda para transportar um móvel pesado, podemos dizer que estamos precisando da *mão* de alguém para ajudar a carregá-lo. Mas, se precisamos de alguém que nos console afetivamente, diremos que estamos precisando de um *ombro* amigo. As zonas ativas prendem-se, muitas vezes, a situações de perigo. Era muito importante um nosso ancestral ser capaz de ver apenas a juba ou a pata de um leão, escondidas na vegetação e fazer a ligação dessa parte ao animal predador, fugindo antes que ele aparecesse por inteiro. Quem não desenvolvia essa habilidade tinha o desagradável hábito de morrer cedo. Em quase todas as línguas do mundo, existem máximas vinculadas à metonímia de zonas ativas. Exemplos:

Ex digito gigas. (Pelo dedo se conhece o gigante.)
The tree is known by its fruit. (A árvore se conhece pelos seus frutos.)
Au chant on connaît l'oiseau. (Pelo canto se conhece o pássaro.)

É por metonímia que podemos ativar modelos mentais, reconhecendo palavras, mesmo que contenham erros de digitação como em:

Pceado é feazr aglo que prjeudca ourta pssoea desencessariamte; f3zer5 a8go q2e nos pr4j1di5a noã é pceado, é b5rr4ce.

Diante de trechos como esse, nosso cérebro projeta o início e fim de cada palavra (partes), na palavra como um todo.

Gibbs Jr.[3] diz que a metonímia é uma parte fundamental do nosso sistema de conceptualização. Comentando exemplos como:

3. Raymond Gibbs Jr., *The Poetics of Mind,* p. 319. No original: "Washington has started negotiation with Moscow. / The White House isn't saying anything. / Wall Street is in a panic".

Washington começou negociação com Moscou.
A Casa Branca não está dizendo nada.
Wall Street está em pânico.

diz ele que:

> Esses exemplos não são expressões singulares arbitrárias, mas refletem o princípio cognitivo geral da metonímia, em que as pessoas usam um aspecto bem entendido de algo para referir-se a coisas como um todo ou a algum de seus aspectos. Todas as expressões acima estão relacionadas ao princípio geral pelo qual um lugar pode referir-se a uma instituição que é projetada como se fosse aquele lugar[4].

Como vemos, a metonímia é baseada na existência de *frames*, tanto no seu núcleo duro, como no caso das zonas ativas, quanto em outros elementos agregados seja por imaginação, seja por fatores culturais. É muito comum, por exemplo, a denominação metonímica de acontecimentos históricos. Por que uma revolução acontecida em Pernambuco, em 1848, foi denominada *praieira*? Porque a sede do jornal liberal *O Diário Novo*, que propagava as ideias que originaram a revolta, ficava na Rua da Praia, no Recife. Temos aí uma metonímia que se configura pela utilização do nome de um local pelo evento nele acontecido. Pelo mesmo processo, provém uma infinidade de denominações como: *batalha de* **Waterloo** (nome de uma região ao sul de Bru-

4. *Idem*, p. 320. No original: "These examples are not arbitrary single expressions but reflect the general cognitive principle of metonymy, where people use one well-understood aspect of something to stand for the thing as a whole or for some other aspect of it. All of the expressions above relate to the general principle by which a place may stand for an institution located as that place".

xelas, onde Napoleão foi vencido); *escândalo de* **Watergate** (edifício onde ficava a sede do partido democrata americano, em Washington); *decisão de* **Downing Street** (residência do primeiro ministro britânico) etc.

Um outro processo de denominação metonímica acontece quando utilizamos o nome de um cientista para denominar uma doença por ele relatada como *Síndrome de Down*, denominação dada em homenagem a Langdon Down, cientista que pela primeira vez, em 1866, descreveu esse tipo de anomalia genética em crianças.

Funcionalidade da Metonímia

Tanto Kövecses quanto Gibbs Jr., nas obras citadas, procuram descrever os aspectos funcionais da metonímia e dos *frames*. Da leitura dos seus trabalhos podemos destacar as seguintes funções:

a) Permitir a coesão indireta, por meio de referenciação a elementos do *frame* de um termo antecedente. Exemplo:

> O casamento estava maravilhoso! O bolo, por exemplo, estava uma delícia.

Nesse caso facilmente percebemos que *bolo*, na segunda frase, retoma o termo *casamento*. Fazemos isso porque o *bolo* é parte do todo que é *casamento*.

b) Permitir o entendimento de frases aparentemente tautológicas como: "guerra é guerra", "mãe é mãe". Quando dizemos "guerra é guerra", a segunda ocorrência põe em foco um dos elementos de *guerra*, que é a crueldade. Quando dizemos "mãe é mãe", a segunda ocorrência põe em foco um dos elementos de *mãe* que é o amor incondicional.

c) Permitir o entendimento dos atos indiretos de fala. Quanto alguém diz – "Você teria condições de fechar a janela?", para que alguém entenda essa frase como um pedido para que feche a janela, há um conjunto de condições necessárias: *1.* a janela deve estar aberta, *2.* o falante deve desejar vê-la fechada, *3.* o interlocutor deve concordar em que a janela deva ser fechada. *4.* ele deve ter condições físicas de acesso à janela e *5.* deve haver entre ele e a pessoa que lhe pede o favor uma relação de hierarquia ou de amizade que licencie o pedido. No ato indireto de fala, o falante seleciona apenas uma parte dessas condições. No exemplo dado, a condição 4. Fazendo isso, aplicou o princípio cognitivo da metonímia, utilizando uma das condições como figura, deixando as outras como fundo.

Como diz Gibbs Jr.[5]:

> Dessa maneira, falar e entender atos indiretos da fala envolve um tipo de raciocínio metonímico, em que as pessoas inferem os todos (uma série de ações) a partir de uma parte.

A meu ver, porém, há ainda outras funções da metonímia. Uma delas é permitir que nosso pensamento tenha acesso à memória. Garry Marcus, professor de psicologia da Universidade de Nova Iorque e PhD pelo MIT escreveu, em 2008, um interessantíssimo livro com o título de *Kluge*, cuja tradução em português

5. *Idem*, p. 352. No original: "In this way, speaking and understanding indirect speech acts involves a kind of metonymic reasoning, where people infer wholes (a series of actions) from a part".

é *Gambiarra*. Trata-se de um ensaio sobre a natureza do cérebro humano ao qual o autor aplica o título do seu livro. Segundo ele, contrariamente ao senso comum, nosso cérebro não é nenhum modelo de perfeição e sim uma espécie de geringonça feita a partir de um projeto mal acabado de engenharia. E nossa memória é um claro exemplo disso. Diz ele que:

> Nós humanos raramente – talvez nunca – sabemos precisamente onde uma informação está armazenada (além do extremamente vago "em algum lugar dentro do cérebro") e nossa memória expandiu-se de acordo com uma lógica inteiramente diferente.
>
> No lugar do código postal da memória, nós acabamos fazendo uso do que eu chamarei "memória contextual": nós puxamos coisas da nossa memória usando o contexto, ou pistas, que nos levam àquilo que estamos procurando[6].

Diz, também, mais à frente:

> Na memória de um ser humano, contexto é tudo, e algumas vezes, como nesse exemplo, o contexto trabalha contra nós. Contextos exercem seu poderoso efeito – algumas vezes ajudando-nos, algumas vezes não – em parte municiando a bomba de nossa memória; quando eu ouço a palavra *médico*, fica fácil reconhecer a palavra *enfermeira*[7].

6. Garry Marcus, *Kluge: The Haphazard Construction of the Human Mind*, p. 21. No original: "We humans rarely – if ever – know precisely where a piece of information is stored (beyond the extremely vague 'somewhere inside the brain'), and our memory evolved according to an entirely different logic.
In lieu of postal-code memory we wound up with what I'll call 'contextual memory': we pull things out of our memory by using context, or clues, that hits at what we are looking for".
7. *Idem*, p. 24. No original: "In the memory of a human being, context is all, and sometimes, as in this instance, context works against us. Context exerts its

Não é difícil perceber que aquilo que Marcus chama de contexto (*context*) ou pistas (*clues*) são, de fato, os elementos do *frame*, acessados por metonímia.

Outra função da metonímia é permitir, em alguns casos, o emprego polissêmico[8] das palavras. Quando dizemos que precisamos consultar a *carta* das marés ou que precisamos renovar nossa *carta* de motorista, parte do que permite essa projeção polissêmica é o fato de que tanto as informações sobre as marés quanto a permissão de dirigir veículos automotores são escritas em papel, da mesma maneira que uma carta (correspondência) o é.

Como diz Johnson[9]:

> A descrição tradicional do significado nunca esteve de acordo com todos os registros dos casos de polissemia. Estudos recentes indicam por que isso acontece: a polissemia envolve a extensão de um sentido central de uma palavra para outros sentidos por meio de recursos da imaginação humana, como a metáfora e metonímia, e não há lugar para esse tipo de descrição dentro da visão objetivista.

powerful effect – sometimes helping us, sometimes not – in part by 'priming' the pump of our memory; when I hear the word *doctor*, it becomes easier to recognize the word *nurse*".

8. Polissêmico quer dizer com muitos sentidos. A palavra *prato*, por exemplo, pode significar utensílio doméstico, comida, receptáculo de balança ou instrumento musical.
9. Mark Johnson, *The Body in the Mind*, p. xii. No original: "The traditional account of meaning has never come to grips with the full range of cases of polysemy. Recent studies indicate why this is so: Polysemy involves the extension of a central sense of a word to other senses by devices of the human imagination, such as metaphor and metonymy, and there is no place for this kind of account in the Objectivist view".

Metonímia no Texto Literário

Na literatura, a metonímia é largamente usada por motivos estilísticos, como no seguinte trecho de um poema de Olavo Bilac[10]:

Ao coração que sofre, separado
Do teu, no exílio em que a chorar me vejo,
Não basta o afeto simples e sagrado
Com que das desventuras me protejo.

Não me basta saber que sou amado,
Nem só desejo o teu amor: desejo
Ter nos braços teu corpo delicado,
Ter na boca a doçura de teu beijo

Nesse poema, Bilac utiliza, na primeira estrofe, a metonímia do coração como sede do sentimento amoroso. Na segunda estrofe, utiliza partes do corpo, braços, boca e também o beijo para materializar o reencontro amoroso desejado. Vejamos, ainda, a primeira estrofe do poema XX de Via Láctea, obra do mesmo autor:

Olha-me! O teu olhar sereno e brando
Entra-me o peito, como um largo rio
De ondas de ouro e de luz, límpido, entrando
O ermo de um bosque tenebroso e frio.

Aqui, o autor usa as metonímias do olhar e do peito, para realçar, com uma comparação, o efeito amoroso da presença da amada em iluminar-lhe a existência triste (bosque tenebroso e frio).

10. http://www.biblio.com (página da Web).

Metonímia como Recurso Retórico

Segundo Perelman & Olbrechts-Tyteca[11], o que diferencia uma figura estilística de uma figura retórica é justamente sua função. Entende ele como retórica a figura empregada pelas necessidades da argumentação, de convencer e persuadir. A metonímia, tanto como a metáfora, pode servir a essa finalidade.

Um dos autores em que se podem encontrar exemplos interessantes de metonímia como recurso retórico é Shakespeare. Vejamos o seguinte trecho retirado da cena 3 do primeiro ato da tragédia *Hamlet*. É o momento em que Polônio dá conselhos a seu filho Laertes, que vai partir para Paris em viagem de estudos.

POLÔNIO – Ainda aqui, Laertes? Para bordo! O vento se acha a tergo de tua vela; já te reclamam. Vai com a minha bênção, e grava na memória estes preceitos: Não dês língua aos teus próprios pensamentos, nem corpo aos que não forem convenientes. Sê lhano, mas evita abastardares-te. O amigo comprovado, prende-o firme no coração com vínculos de ferro, mas a mão não calejes com saudares a todo instante amigos novos. Foge de entrar em briga; mas, brigando, acaso, faze o competidor temer-te sempre. A todos, teu ouvido; a voz, a poucos; ouve opiniões, mas forma juízo próprio. Conforme a bolsa, assim tenhas a roupa: sem fantasia; rica, mas discreta, que o traje às vezes o homem denuncia[12].

Não dês língua aos teus próprios pensamentos, nem corpo aos que não forem convenientes. Língua e *corpo* são usados como me-

11. Chaïm Perelman e Lucie Olbrechts-Tyteca, *Tratado da Argumentação: A Nova Retórica*, pp. 190-193.
12. Shakespeare, *Hamlet*, ato 1, cena 3, www.virtualbooks.

tonímia para materializar o conselho de não falar de si a toda gente e não praticar ações inconvenientes. *O amigo comprovado, prende-o firme no coração com vínculos de ferro, mas a mão não calejes com saudares a todo instante amigos novos. Coração* e *mão*, utilizados como metonímias, materializam de maneira persuasiva o conselho de conservar os amigos antigos e de não se entregar a novos amigos. *A todos, teu ouvido; a voz, a poucos.* Aqui, as metonímias de *ouvido* e *voz* materializam o conselho de ser prudente, ouvindo mais e falando menos. Finalmente, a metonímia da *bolsa* (*Conforme a bolsa, assim tenhas a roupa*), materializa a prudência em gastar. Em todas essas situações, a alusão a imagens como *coração, mão, ouvido, voz, bolsa*, tal como acontece na metáfora, são um excelente recurso para pôr em evidência a memória emocional do interlocutor.

Estudos recentes como os de Plantin[13] têm posto em foco, novamente, o papel das figuras de linguagem como recurso argumentativo:

> As figuras são, em seu contexto teórico original, um constituinte autêntico de uma teoria do discurso argumentativo.

13. Christian Plantin, *A Place for Figures of Speech in Argumentation Theory*, 2009, p. 336. No original: "Figures are, in their original, theoretical context, an authentic constituent of a theory of argumentative discourse".

6

Blending, Integração e Redes de Integração

Ao longo do nosso processo evolutivo, sempre foi uma grande vantagem ser capaz de integrar eventos, principalmente os de causa e efeito. Integrar o rugido de um leão à presença dessa fera poderia salvar uma vida. Integrar o ruído de trovões num céu de nuvens escuras à possibilidade de chuva iminente poderia induzir a busca de um abrigo. Por isso, era extremamente vantajoso ser capaz de, diante de uma causa, relacioná-la imediatamente a seus efeitos e vice-versa: diante de um efeito, ser capaz de, num piscar de olhos, relacioná-lo à sua causa. Esse processo de integração ocorre por *blending* (em português *mesclagem*) dentro de nossa mente, criando *insights* globais. Esses *insights* permitem tanto prever acidentes quanto pensar criativamente.

Quando Alexander Fleming, em setembro de 1928, notou que, sobre uma placa esquecida fora da geladeira do seu laboratório, parte de uma cultura de estafilococos tinha sido destruída pelo mofo, teve um *insight*, associando esse mofo (um fungo pertencente ao gênero *penicilium*) à destruição daquelas bactérias. Repetindo a operação, passo a passo, recriando as mesmas condições, provocou novamente a destruição das bactérias. Estava descoberta a penicilina, ponto de partida para a descoberta de todos os outros antibióticos que vieram em sua esteira. Aliás, é assim que se faz ciência: desempacotando as causas dos seus efeitos, dividindo um evento em outros eventos menores, procurando entendê-los separadamente. Fazer ciência é, como vemos, uma tarefa contrária à integração. Podemos chamá-la, embora fique um pouco esquisito, de "a arte da desintegração".

O processo de integração é uma característica importantíssima da mente humana. Como dizem Fauconnier & Turner[1]:

> A integração conceptual está no coração da imaginação. Ela conecta espaços *inputs*, projeta-os seletivamente em um domínio-mescla (*blended space*), e produz estruturas emergentes por meio de composição, finalização e refinamento na mesclagem.

Quando o cardeal Joseph Ratzinger assumiu a posição de papa, em 16 de abril de 2005, escolheu o nome de Bento XVI. Os dois nomes ficaram, pois, integrados a uma mesma pessoa. Quando minha tia chega em casa e pergunta se a irmã dela está, eu imediatamente a integro à figura da minha mãe e digo que sim. Quando uma agência de propaganda põe uma garrafa de cerveja nas mãos de um bonito casal de jovens em uma praia paradisíaca, sua intenção é que o consumidor integre o produto ao ambiente e, ao comprar a cerveja, transfira para junto de si a beleza do casal e do cenário.

A metáfora e a metonímia, estudados nos capítulos anteriores, são também fenômenos de integração. Mas, como acabamos de ver, nem todo processo de integração é feito por metáforas ou

1. Gilles Fauconnier e Mark Turner, *The Way We Think: Conceptual Blending and the Mind's Hidden Complexities*, p. 89. No original: "Conceptual integration is at the heart of imagination. It connects input spaces, projects selectively to a blended space, and develops emergent structure through composition, completion, and elaboration in the blend".

metonímias. A formação de conceitos é um exemplo disso. Por uma questão de síntese, em vez de dizer que os cães são animais dotados de grande capacidade afetiva, dizemos que o cão é um animal dotado de grande capacidade afetiva, integrando todos os cães do mundo em um único animal. É dessa maneira que criamos todos os conceitos com os quais lidamos em nosso dia a dia, como cão, cadeira, carro, homem (englobando todos os homens e mulheres) etc.

Um outro exemplo de integração é o fenômeno de torcer por um time de futebol. Integramo-nos afetivamente de tal maneira ao nosso time do coração, que nos alegramos muito quanto ele ganha e sofremos miseravelmente quando ele é derrotado. Integramos o vestido bonito à beleza da mulher que o veste, o carro importado ao *status* de quem o possui, a profissão ao nome da pessoa que a pratica.

Integramos determinada música ao momento em que conhecemos o amor de nossas vidas e, também, muitas vezes, certos atos banais como predições de sorte ou azar. Em um filme chamado *Melhor Impossível* (em inglês *As Good as it Gets*), o personagem chamado Melvin Udal, interpretado pelo ator Jack Nicholson, para não ter azar durante o dia, procurava não pisar na junção dos ladrilhos quando andava em uma calçada. O poeta brasileiro Paes Loureiro diz que em sua cidade natal do Estado do Pará, durante gerações, o nome Laura nunca batizou uma criança do sexo feminino, porque a mais famosa prostituta da cidade tinha esse nome. A população havia feito uma integração entre a prostituta e o nome Laura.

Em alguns casos de integração, temos uma compressão do tempo ou do espaço. Imagine que você esteja em uma loja de decoração e pensa em adquirir um quadro. Olhando-o, você tenta visualizar como ele ficaria em determinada parede da sua sala em casa. Fazendo isso, você comprime, dentro de sua cabeça, o espaço entre o quadro e a parede da sua sala, integrando os dois espaços, antes de tomar uma decisão de compra.

É possível, também, que você, ao espantar-se com o alto valor de uma conta de energia elétrica diga algo como: – "A cada mês que passa, essa conta fica mais cara!" É lógico que não se trata de uma mesma conta que vai crescendo em valor ao longo do tempo, mas de um conjunto delas que você comprimiu na conta presente, integrando-as todas, cognitivamente, em uma só conta. Em vez do espaço, agora você comprimiu o tempo. A integração de causa e efeito acontece, também, por compressão de tempo. Afinal, pomos no mesmo *insight* o tempo da causa e o tempo do efeito. Um outro caso comum de compressão de tempo é o chamado presente histórico. Quando dizemos que "Em 6 de junho de 1994, o exército aliado *invade* a Normandia", comprimimos o passado até o presente, integrando a data do Dia D ao momento da nossa fala.

Nossa mente cria, muitas vezes, verdadeiras redes de integração. Quando alguém diz, por exemplo, que "o atentado à estação de Atocha, ocorrido em 11 de março de 2004 em Madri, foi o 11 de setembro da Espanha", cria uma mesclagem que integra, por metáfora, o atentado contra as torres gêmeas em Nova Iorque e o atentado contra a estação espanhola de metrô. Mas o 11 de setembro, por sua vez, também é fruto de uma outra integração, desta vez por metonímia (parte pelo todo, como vimos no capítulo anterior) entre o evento do ataque ao World Trade Center e o dia em que ele ocorreu.

O processo de integração é bastante comum nos rituais religiosos. Quando um padre ou um pastor unge com água e óleo a cabeça de uma criança, esse ato é a face visível de um sacramento que tem outro lado invisível: a aceitação da criança como novo membro da comunidade cristã. Quando o mesmo padre ou pastor, durante um casamento, diz aos noivos que eles passam a ser marido e mulher, há uma integração entre o que ele diz e o novo estado do casal.

Muitas vezes, numa rede de integração, uma parte dela fica perdida no tempo. Quando dizemos que o presidente sancionou uma lei, entendemos que há uma integração entre a sua assinatura e a vigência da lei, mas o emprego da palavra *sancionar* é fruto de uma outra integração anterior que já se perdeu na noite dos tempos. Esse verbo é derivado da palavra *sanção* que provém da palavra latina *sanctio* que significava "santificar", ou seja, integrar um determinado ato a uma vontade divina. Foi isso que fez o papa Urbano II, quando, em 1095 durante o Concílio de Clermont-Ferrand, santificou, ou sancionou com o sinal da cruz, a primeira cruzada que partiu para tomar Jerusalém aos muçulmanos. No nosso dia a dia, utilizamos uma rede de integração mais atual, quando dizemos, por exemplo, que assinamos um contrato para "sacramentar" uma venda. Aqui, a assinatura e o ato de compra e venda são integrados, mas há também uma integração anterior, desta vez metafórica, entre tornar sagrado e assinar.

7
Histórias, Parábolas e Provérbios

As histórias são inseparáveis da vida humana. Desde pequenos, ouvimos histórias de nossos pais e parentes: pequenas fábulas, contos de fada, aventuras. Assistimos também a elas na televisão e no cinema. Uma vez alfabetizados, passamos a ter condições de lê-las e, durante toda a vida, passamos a manter contato com elas por meio da televisão, do cinema e das narrativas de ficção. Segundo Turner[1]

> Nós poderíamos, portanto, pensar que contar histórias é uma ação particular em vez de uma atividade mental constante. Mas história como atividade mental é essencial ao pensamento humano. Os tipos de história que são mais essenciais para o pensamento humano produzem experiências que nos impressionam inteiramente, mas nós raramente nos damos conta dessas histórias em si, ou da maneira como funcionam, porque elas estão sempre presentes.

Voltando a um passado longínquo, podemos imaginar a importância que as histórias tinham como processo pedagógico,

1. Mark Turner, *The Literary Mind: The Origins of Thought and Language*, p. 12. No original: "We might therefore think that storytelling is a special performance rather than a constant mental activity. But story as a mental activity is essential to human thought. The kinds of stories that are most essential to human thought produce experience that is completely absorbing, but we rarely notice those stories themselves or the way they work because they are always present".

quando os membros de uma tribo se reuniam, à noite, ao redor da fogueira e contavam os fatos do dia, experiências que serviam de ilustração às crianças sobre como agir, a partir do exemplo de situações vividas anteriormente pelos adultos. Daniel Gardner, em um livro instigante chamado *The Science of Fear*, nos relata a importância das histórias como forma de aprendizado:

> Compartilhar experiências significa contar histórias. Significa também visualizar o evento que o cara ao seu lado, perto da fogueira, está contando a você: imaginar o membro mais panaca da tribo movendo-se com esforço nas águas rasas do rio; imaginá-lo cutucando um tronco de árvore com o seu bastão; imaginar o tronco de repente se transformando em um crocodilo; imaginar a trilha de bolhas marcando o lugar da morte do panaca. Tendo visualizado e armazenado a cena na memória, o cérebro emocional pode posteriormente fazer uso disso para fazer julgamentos do mesmo modo como faz uso das memórias de suas experiências pessoais. Risco de ataque de crocodilo à beira d'água? Sim. Você pode lembrar-se disso apenas como um incidente. Chance de o tronco flutuante não ser aquilo que parece ser? Considerável – o incidente seria facilmente relembrado. Você pode não ter consciência dessa análise, mas você estará ciente da conclusão: você terá um pressentimento, uma suspeita, uma intuição – de que realmente não deveria se aproximar mais. O cérebro emocional aprendeu pela experiência trágica de alguém[2].

2. Daniel Gardner, *The Science of Fear.* pp. 50-51. No original: "Sharing experiences means telling stories. It also means visualizing the event the guy next to you at the campfire is telling you about: imagining the dimmest member of the tribe wading into the shallow waters of the river; imagining him poking a floating log with his walking stick; imagining the log suddenly turning into a crocodile; imagining the trail of bubbles that marks the demise of the bribe's dimmest member. Having envisioned the scene and committed it to memory, Gut can then use it to make judgments just as it uses memories from personal experiences. Risk of crocodile attack at water's edge? Yes. You can recall just such an incident. Chance that de log floating out there isn't what it appears?

De fato, em certas ocasiões, convenhamos, é bem melhor aprender com a experiência dos outros do que com a própria. Trata-se, como vimos, de um processo de integração por compressão. O aprendiz comprime a experiência passada pelo outro, num tempo anterior, com uma realidade presente, tomando a decisão de pôr-se a salvo.

Em nosso dia a dia, vemos e vivemos várias pequenas histórias: vemos uma moça entrar em uma loja do shopping e sair de lá com um par de sapatos novos; vemos alguém num restaurante, que pede um prato ao garçom; vemo-nos a nós mesmos saindo de casa e indo à academia fazer ginástica. Na maioria dessas situações, conseguimos identificar um ator, alguém que pratica a ação de comprar, de pedir algo em um restaurante ou de se locomover e levantar pesos na academia. Se uma pessoa e um gato estão dentro de uma sala e alguém faz rolar uma bola de tênis dentro dela, o gato põe-se a correr atrás da bola, enquanto que a pessoa se volta para a origem da bola, tentando ver o que a fez rolar pela sala. É muito forte na espécie humana a ideia de que tudo o que acontece tem um agente e que é importante pôr foco nesse agente. É por esse motivo que foram criados os mitos, como Zeus, na cultura grega e Thor, na cultura nórdica, para explicar a origem dos raios. É por esse motivo que fazemos projeções de ações em eventos, como quando dizemos que a impressora está mastigando o papel, ou que a chuva está castigando o Rio Grande do Sul.

Considerable – that incident was easily recalled. You may no be consciously aware of this analysis, but you will be aware of the conclusion: You will have a feeling – a sense, a hunch – that you really shouldn't go any closer. Gut has learned from someone else's tragic experience".

PARÁBOLAS

A parábola é uma história que é feita para ser integrada à vida de outras pessoas, servindo de ensinamento moral. Grandes mestres como Sócrates, Jesus Cristo e Buda utilizaram esse procedimento para propagar suas doutrinas. Vejamos um exemplo de parábola:

> Alguns monges passeavam por uma trilha próxima a um riacho, quando um deles viu um escorpião que se afogava. Imediatamente, aproximou-se da margem e tentou salvá-lo, mas foi picado e teve de retirar a mão do inseto. Pegou, então, um ramo de árvore que se achava perto e, com ele, conseguiu retirar o escorpião, salvando-lhe a vida. Revoltado, um dos monges lhe disse: – Não entendo! O animal picou você. – Por que você não o deixou morrer? – Seria um a menos, você não acha? Olhando o jovem monge revoltado dentro dos seus olhos, o outro respondeu: – Ele apenas seguiu a sua natureza; e eu, a minha.

O objetivo dessa parábola é a de nos convencer de que, se somos pessoas éticas, devemos ter consciência de que um erro não justifica outro erro e que, apesar de sofrermos atos maldosos de outras pessoas, não nos devemos igualar a elas, pagando com a mesma moeda. O propósito de quem constrói uma parábola é que seu destinatário possa integrá-la, cognitivamente, às suas ações cotidianas.

Essa vocação cognitiva de contar e ouvir parábolas perpassa todas as culturas, não importando o grau de civilização. Há parábolas criadas tanto no universo das culturas clássicas grega e romana, quanto no universo dos povos indígenas brasileiros ou africanos. E a explicação para isso, como vimos, é bastante simples: desde as origens da nossa espécie, tem sido importante para a nossa sobrevivência a rapidez com que funciona o nosso cérebro emocional. E, desde os tempos antigos, essa memória é acionada por imagens, sons, acontecimentos de que somos protagonistas ou de que outros são protagonistas e que chegam ao nosso conhecimento por meio de relatos. Trata-se de uma espécie de "adaptação genética e cultural da espécie humana".

O uso de parábolas é encontrado em quase todos os meios de comunicação. Vejamos um exemplo em uma crônica de Machado de Assis, publicada em 1878:

> Dizem os alemães que duas metades de cavalo não fazem um cavalo. Por maioria de razão se pode dizer que metade de um cavalo e metade de um camelo não fazem nem um cavalo nem um camelo. Isto, que parecerá axiomático aos leitores, é nada menos que um absurdo aos olhos dos partidos de uma das paróquias do Norte, a paróquia de S. Vicente, um absurdo, um paradoxo, uma monstruosidade.
>
> Com efeito, os dois partidos daquela freguesia dividiram-se e trocaram as metades; feito o que, organizaram duas mesas, duas atas, duas eleições. Sendo por enquanto mui sumária a notícia, ignoro o modo pelo qual as duas metades dos dois programas foram coladas às metades alheias, e mais ignoro se fizerem sentido os períodos truncados. Há de ter sido muito difícil: talvez se reproduza o caso das duas notícias que apareceram ligadas, há anos, numa folha de New York. Trata-se da prédica de um sacerdote e da investida de um boi.
>
> O Rev. Simpson falou piedosamente dos deveres do cristão e das boas práticas a que está sujeito o pai de família; o auditório ouvia comovido as palavras do Rev. Simpson, o qual, investindo de repente contra todos, varreu a rua, derrubou mulheres e crianças, lançou en-

fim o terror em todo o bairro, até ser fortemente agarrado e reconduzido ao matadouro[3].

O objetivo do cronista é pôr em destaque a situação absurda da divisão dos programas de dois partidos políticos em S. Vicente. Para isso, faz uso, primeiramente, de uma comparação entre metades de cavalos e metade de camelos. Depois de descrever o fato político, usa um curioso relato jornalístico como parábola de *non sense*, para integrá-la à situação a que quer dar relevo.

Provérbios

Os provérbios têm origem num exercício de síntese a partir de um processo complexo de integração. Imagine que alguém está tentando conseguir um emprego público, vem estudando com afinco, mas até aquele momento não conseguiu aprovação em nenhum concurso. Perguntando-nos o que fazer, lhe respondemos: "Água mole em pedra dura, tanto bate até que fura". Dizendo isso, nosso objetivo é que ele integre a lição da água à sua vida pessoal e que não desista de seu intento. Mas esse provérbio, por sua vez, é resultado da integração de uma pequena história a um fenômeno amplamente conhecido: o de que gotas d'água, caindo continuamente sobre uma pedra, ao longo do tempo, conseguem provocar um buraco no local de impacto.

3. Joaquim Maria Machado de Assis, *Notas Semanais* (Crônicas), 1878, pp. 406-407.

Como veremos no capítulo 10, as pequenas histórias, sobretudo as integrações de ações e eventos, têm uma grande influência no surgimento de muitos fenômenos gramaticais.

8
Teoria dos Espaços Mentais

A teoria dos espaços mentais foi proposta por Gilles Fauconnier, em 1994, num livro chamado *Mental Spaces*, a partir da constatação de Turner de que a linguagem não veicula sentidos, ela apenas os induz. Segundo Turner, *apud* Fauconnier:

> Expressões linguísticas não significam; elas são propostas de significação para que nós construamos os significados trabalhando com processos que já conhecemos. De maneira alguma o significado de [uma]... enunciação está "diretamente nas palavras". Quando nós entendemos uma enunciação, nós, de maneira alguma, estamos entendendo "exatamente o que as palavras dizem"; as palavras por si mesmas não dizem nada independentemente do conhecimento magnificamente detalhado e dos eficientes processos cognitivos que trazemos como suporte[1].

De fato, examinemos as duas frases seguintes:

Cuidado, cão bravo.
Cuidado, crianças.

1. Gilles Fauconnier, *Mental Spaces*, p. xxii. No original: "Expressions do not mean; they are prompts for us to construct meanings by working with processes we already know. In no sense is the meaning of [an]... utterance 'right there in the words'. When we understand an utterance, we in no sense are understanding 'just what the words say'; the words themselves say nothing independent of the richly detailed knowledge and powerful cognitive processes we bring to bear".

É óbvio que o sentido delas não é dado pela sequência das palavras, mas pelo sentido que atribuímos ao seu conjunto, dentro de nossas mentes, a partir do nosso conhecimento de mundo que nos diz que cães bravos podem ser perigosos para nós, mas que nós próprios podemos, inadvertidamente, ser perigosos para crianças.

No momento em que entramos em contato com um texto falado ou escrito, abrimos, imediatamente, dentro de nossas cabeças, pequenos "programas *on-line*" vinculados ao nosso conhecimento de mundo, para atribuir sentido a ele. Espaços mentais são, portanto, pequenas parcelas de tempo de curta duração que abrimos em nossas mentes, para atribuir sentido ao que ouvimos ou lemos. Embora esses espaços trabalhem com nossa memória operacional ou de curto prazo, buscam, a todo o momento, informações em nossa memória de longo prazo, em nosso conhecimento enciclopédico de mundo assimilado durante nossa existência.

Alguns Exemplos

Imagine que alguém diga a você algo como:

> No Brasil, Mônica Lewinsky não provocaria nenhum drama institucional.

Para atribuir sentido a essa frase, você tem, primeiramente, de abrir um espaço mental para estabelecer a relação metonímica entre Mônica e o *affaire* que ela teve com o presidente Bill Clinton, em 1998; e concluir que se trata de transpor o caso Mônica Lewinsky para o Brasil, numa integração de tempo e espaço. Aí, você precisa abrir um outro espaço mental para nele imaginar um presidente do Brasil, que obviamente não seria Bill Clinton, tendo um caso com uma estagiária brasileira e entender que, no Brasil, não daríamos tanta importância ao fato, ao contrário do que aconteceu nos Estados Unidos.

Vejamos um outro exemplo:

> No filme *Insônia*, Al Pacino morreu no final, mas, no seguinte, *88 Minutos*, conseguiu salvar a vida de uma policial.

Agora, você precisa abrir um espaço mental para integrar o artista Al Pacino a dois personagens diferentes. Afinal, é um personagem protagonizado por ele que morre no primeiro filme e é outro, diferente, que salva a vida da policial.

Vejamos outros tipos de exemplo[2]:

> A garota de olhos negros tem olhos azuis.
> Aécio Neves tem cinco anos de idade.
> A Terra é quadrada.
> Ele é mais alto do que ele é.

Todos eles parecem bastante estranhos, mas basta acrescentar algo e eles ficam perfeitos:

> Neste quadro, a garota de olhos negros tem olhos azuis.
> Nesta fotografia, Aécio Neves tem cinco anos de idade.
> Luís acha que a Terra é quadrada.
> Luís pensa que ele é mais alto do que ele é.

2. Exemplos iguais ou semelhantes apareceram pela primeira vez em um famoso artigo intitulado *On Belief-Contexts*, de autoria de Ray Jackendoff (1975) e foram retomados por quase todos os linguistas que trabalham com a teoria dos espaços mentais.

No primeiro exemplo, uma garota real, de olhos negros, serviu de modelo a um pintor que resolveu retratá-la com olhos azuis. O adjunto "neste quadro" cria condições para que o leitor abra um espaço mental em que surgem duas pessoas, uma verdadeira e outra, retratada.

Aliás, esse exemplo lembra uma das cenas iniciais da ópera *Tosca* de Puccini, em que o protagonista Mario Cavaradossi pinta um quadro de Maria Madalena na igreja de Sant'Andrea della Valle, em Roma, usando como modelo sua namorada, a cantora Flora Tosca, mas, no quadro, retrata, no lugar dos seus olhos negros, os olhos azuis da marquesa Attavanti. Comparando o retrato com os traços da mulher que ama, mas com os olhos da marquesa, Mario canta a ária "Recondita armonia di belleze diverse", uma das mais famosas do repertório operístico.

Nos outros exemplos, o acréscimo de um adjunto de lugar e de duas orações principais (acha, pensa), respectivamente, serve de "deixa" para que o leitor abra espaços mentais que lhe permitam atribuir sentido às frases.

Um outro exemplo clássico apresenta uma frase que pode ter três sentidos, dependendo de que espaço mental seja aberto. Imaginemos uma babá cuidando de um menino que praticamente acaba de destruir todos os seus brinquedos por pura birra. Diante desse contexto, a babá exclama:

> Se eu fosse seu pai, daria uma surra em você!

Primeiro Espaço Mental

A babá sabe que o pai do garoto não tem a menor autoridade para com ele. O que ela diz, portanto, configura uma crítica ao comportamento do pai.

Segundo Espaço Mental

A babá sabe que o pai do garoto é bastante autoritário e até radical, algumas vezes. O que ela quer dizer, portanto, é que o menino tem sorte de ela, a babá, não ter o temperamento do pai do garoto e, logo, não ter nenhuma vontade de espancá-lo.

Terceiro Espaço Mental

A babá, não importa qual seja o comportamento do pai em relação ao filho, está com vontade de dar uma surra no garoto.

Como vemos, os espaços mentais que se abrem em nossas mentes para atribuir sentido aos textos dependem dos estados de coisas no mundo real. Imaginemos uma situação real mostrando a posição dos quatro primeiros colocados num campeonato brasileiro de futebol.

1º lugar: São Paulo
2º lugar: Flamengo
3º lugar: Internacional
4º lugar: Palmeiras

Imaginemos, agora, duas frases comentando essa classificação:

a) O Palmeiras não está em primeiro lugar por acaso.
b) O São Paulo não está em primeiro lugar por acaso.

Ambas as frases podem ser verdadeiras, simultaneamente, sem contradizer a classificação. Na frase a), abre-se um espaço mental em que o advérbio *não* afeta o predicado *estar em primei-*

ro lugar. Na frase b), abre-se outro espaço mental, diferente, em que o advérbio *não* afeta o adjunto *por acaso*, uma vez que o São Paulo está, de fato, em primeiro lugar. É como se disséssemos: "O São Paulo está em primeiro lugar não é por acaso".

Construindo Espaços Mentais

Segundo Fauconnier[3]

> A conversa diária e a argumentação do senso comum são sustentadas por criações mentais invisíveis e altamente abstratas que a gramática ajuda a guiar, embora não as defina por si mesma... E, mais especificamente, levando em conta o *status* de formas linguísticas, como orações, uma oração que aparece em alguma etapa da construção do discurso conterá vários tipos de informação, indicados por vários dispositivos gramaticais.

Entre esses dispositivos, o autor relaciona:

a) Informações adicionais, que ele chama de *space builders* (construtores de espaços). É o caso dos acréscimos que criaram condições de sentido para as frases há pouco citadas como "A garota de olhos negros tem olhos azuis" e outras. *Neste quadro*, seria, portanto, um *construtor de espaço*, dando origem ao sentido atribuído à frase: "Neste quadro, a garota de olhos negros

3. Gilles Fauconnier, *Mental Spaces*, p. xxiii. No original: "Everyday talk and commonsense reasoning are supported by invisible, highly abstract, mental creations, which grammar helps to guide, but does not by itself define... And more specifically, concerning the status of linguistic forms, such as sentences, a sentence that appear at some stage of the discourse construction will contain several kinds of information, indicated by various grammatical devices".

tem olhos azuis". É também o caso de orações como *ele pensa*, *ele acha*, *é possível*, *é provável*, de auxiliares como *dever*, *poder* e de modalizadores como *possivelmente*, *aparentemente*. Exemplo:

Aparentemente, a vítima já conhecia seu agressor anteriormente.

Nesse caso, o enunciador assinala, com o advérbio *aparentemente*, que não tem evidência concreta sobre se a vítima, de fato, conhecia o agressor.

b) Tempos e modos verbais.

Imaginemos a seguinte frase

Muitos brasileiros não acreditam que esse governador seja ladrão.

O subjuntivo na oração subordinada está em perfeito acordo com o verbo *acreditar* em sua forma negativa na oração principal. Trata-se de uma frase comum em português. Suponhamos, contudo, que ela assumisse a seguinte feição:

Muitos brasileiros não acreditam que esse governador é ladrão.

No momento em que o falante põe o indicativo (é), ao invés do subjuntivo (seja), esse indicativo constrói um espaço mental dentro do qual seu interlocutor entende que, apesar de muitos brasileiros acreditarem na honestidade do tal político, ele, enunciador, não acredita.

c) Descrições ou anáforas que introduzem novos elementos.

Vejamos o seguinte trecho:

Chester Carlson morreu sem ter ganhado o prêmio Nobel. É, de fato, uma injustiça que o inventor do xerox não tenha recebido esse prêmio.

Nesse texto, o termo anafórico *inventor do xerox* abre um espaço mental dentro do qual o leitor pode atribuir um significado a Chester Carlson. Não nos esqueçamos que, ao contrário dos substantivos comuns, que entram no texto já com um significado prévio, os próprios ganham significado apenas interdiscursivamente. Se alguém diz que sua cadeira quebrou, seu interlocutor, imediatamente, é capaz de fazer um ideia do que quebrou, mas se esse alguém diz que João da Silva chegará amanhã, ele somente poderá atribuir sentido a João da Silva se tiver conhecimento prévio sobre quem é essa pessoa.

d) Informações lexicais que ligam elementos do espaço mental a *frames* e modelos cognitivos vindos do conhecimento enciclopédico de mundo. Exemplo:

O atual chefe de polícia não passa de um boneco de ventríloquo, uma marionete.

Ao ouvir isso, o leitor acessa imediatamente seu conhecimento de mundo a respeito de bonecos que atuam apenas sob o comando de outras pessoas.

e) Marcas de pressuposição. Exemplo:

A novidade é que Sharapova também conseguiu vencer esse torneio.

A palavra *também* abre um espaço mental de pressuposição. Dependendo do estado de coisas de que estamos falando, tanto pode ser que ela tenha vencido outros torneios antes desse, quanto que o torneio que ela acaba de vencer já tenha sido vencido por outros tenistas.

f) Informações retóricas e pragmáticas, veiculadas por palavras como *mas*, *apesar disso* etc. Exemplo:

Rubens corre há quinze anos, mas nunca venceu um campeonato.

A conjunção *mas* cria, aqui, um julgamento implícito do corredor: o de que ele não é suficientemente competente para ser campeão.

É preciso dizer que essa classificação não é exaustiva e que corresponde à proposta feita por Fauconnier em sua primeira obra sobre o assunto, o livro *Mental Spaces*, publicado em 1994. Mais recentemente, notadamente no capítulo que escreveu em 2007 sobre o assunto, para o livro *The Oxford Handbook of Cognitive Linguistics*[4], há uma tendência de chamar de *construtores de espaços* (*space builders*) todo e qualquer elemento que seja responsável por ativar um espaço mental, o que pode incluir até mesmo efeitos prosódicos. Imagine alguém fazendo uma pergunta como – "Você acha que isso vai ficar assim?", com voz ameaçadora. É claro que não se trata de obter do interlocutor uma resposta, mas de afirmar, pelo tom de voz, que o acontecido vai provocar consequências, provavelmente, em prejuízo de alguém.

4. Dirk Geeraerts e Hubert Cuyckens (eds.), *The Oxford Handbook of Cognitive Linguistics*.

9
Iconicidade

Todas as pessoas que estudaram a fundo a história da linguística leram Saussure ou leram sobre Saussure e aprenderam que, segundo seu ponto de vista, as línguas humanas são arbitrárias, ou seja, não há nenhuma relação natural entre as palavras e as coisas nomeadas por elas[1].

Recentemente, contudo, o tema foi retomado e contestado por linguistas como Givón[2], Haiman[3] e Croft[4], entre outros, sob o nome de *iconicidade*, mas abrangendo agora também outros níveis de análise como a sintaxe, a enunciação e o discurso.

O ponto de partida dessa retomada é o fato de que a linguagem humana é um sistema de representação. Ela representa seres inanimados e animados, sentimentos, eventos do mundo real ou de outros mundos possíveis, como o da ficção. Dizer que a linguagem representa algo não significa que as palavras sejam etiquetas

1. Na verdade, no *Curso de Linguística Geral*, escrito pelos alunos do mestre, está dito que não há relação natural entre o significante e o significado de um signo linguístico e que, portanto, o signo linguístico é arbitrário. Essa posição foi corrigida por Benveniste que interpretou, corretamente, que a relação arbitrária postulada por Saussure se referia, obviamente, a relação entre o signo como um todo e o seu referente, ou coisa nomeada.
2. Talmy Givón, *Mind, Code and Context: Essays in Pragmatics.*
3. J. Haiman, *Iconicity in Syntax.*
4. William Croft e D. Alan Cruse, *Cognitive Linguistics.*

que colamos sobre a ideia das coisas, mas sim que os falantes de uma língua fazem "recortes formais" do mundo real ou dos mundos possíveis, a partir de pontos de vista ligados à sua percepção, condição social e momento histórico. Isso tem duas implicações. A primeira delas é que, no momento em que uma palavra é criada, pode existir uma motivação entre ela e aquilo que ela designa. Alguém que tenha criado a palavra *chuveiro* certamente deverá ter associado esse artefato à ideia de *chuva*, *fazer chover* etc. Vemos aí em ação o metaprincípio da iconicidade proposto por Givón (*op. cit.*, p. 97), segundo o qual "uma experiência codificada é mais fácil de ser armazenada, recuperada e comunicada, se o código for maximamente isomórfico a essa experiência".

Realmente, é mais fácil entender o que é esse artefato que "espalha uniformemente água sobre nossos corpos", associando-o à ideia de chuva. Vemos também aí incluída a perspectiva imposta sobre o mundo pelo falante. Afinal de contas, alguém poderia ter associado esse artefato simplesmente a *água* e chamá-lo de *aguadeiro*, por exemplo. Um pequeno pássaro, em português, foi associado pelos falantes ao fato de que se alimenta com o néctar das flores e recebeu o nome de beija-flor. Já, em inglês, foi associado ao zumbido de suas asas e batizado de *humming bird*, literalmente, "pássaro zumbidor".

A segunda implicação decorre do fato de que cada geração cria muito poucas formas novas de representação. Isso aconteceu, por exemplo, quando a era da informática nos fez criar neologismos como *hipertexto* ou *mouse*. Na maioria das vezes, porém, utilizamos as velhas palavras que herdamos de nossos antepassados, há centenas de anos. Não raro, o sentido original delas se perde. Quem diz algo como *Eu vou embora.*, nem de longe se lembra de que, antigamente, isso queria dizer *Eu vou em boa hora.*

Outras vezes, uma palavra desaparece, criando problemas de entendimento de outras ligadas a ela. Quem vê uma escritura em um cartório e lê que "um terreno é *lindeiro* com o de um outro proprietário", dificilmente tem em sua memória a antiga palavra *linde* ou *linda*, que proveio de *limite*, e que já foi excluída do léxico há muito tempo. O mesmo acontece com quem diz – "É preciso, primeiro deslindar esse problema" e que é incapaz de entender *deslindar* como *delimitar*.

Como vemos, a motivação icônica é uma ferramenta poderosa para se estudar o léxico de uma língua. Os mecanismos de transferência metafórica e de metonímia são fontes inesgotáveis de iconicidade. É por eles que fabricamos nomes de cor como *abóbora*, *laranja*, *verde-garrafa*, *azul-piscina* e neologismos como *massagem-relâmpago*, *flutuação da taxa de câmbio*, *braço da suspensão*, *saia do para-lama*.

Podemos concluir, portanto, que, embora as línguas sejam sistemas de representação convencionais – "todas as línguas contêm certas palavras arbitrárias e opacas, sem qualquer conexão entre o som e o sentido" (cf. Ullmann[5]) – há outras palavras que, em maior ou menor grau, são iconicamente motivadas por aquilo que também se pode chamar de *iconicidade diagramática*:

> Um diagrama icônico é um arranjo sistemático de signos, dos quais nenhum necessariamente se assemelha ao seu referente, mas cujas relações entre cada um deles espelha a relação dos seus referentes[6].

5. Stephen Ullmann, *Semântica – Uma Introdução à Ciência do Significado*, p. 165.
6. J. Haiman, *Iconicity in Syntax*, p. 515. No original: "An iconic DIAGRAM is a systematic arrangement of signs; none of which necessarily resembles its referent, but whose relationships to each other mirror the relationships of their referents".

Em sintaxe, um dos campos mais explorados é o da ordenação temporal de fatos correlacionada com a ordem de termos em uma oração ou de orações em um período. Uma oração como:

Agnaldo veio da Bahia para São Paulo.

é mais aceitável do que

Agnaldo veio para São Paulo da Bahia.

porque, na primeira, é obedecido o princípio da iconicidade temporal: primeiro Agnaldo estava na Bahia, depois, em São Paulo. A melhor maneira de codificar isso, isomorficamente, é fazer *Bahia* aparecer sintaticamente antes de *São Paulo*.

Essa correlação entre ordenação temporal dos fatos e ordenação sintática pode provocar, quando não observada, efeitos curiosos de ambiguidade. Exemplos:

O motorista do carro, C. T., 27, perdeu o controle de direção, caindo num buraco.

Depois de pronto, deixe o arroz descansar dez minutos, antes de servir, com a tampa da panela fechada.

Quando lemos o primeiro exemplo, fica uma dúvida: o motorista perdeu o controle de direção, porque seu carro caiu num buraco ou caiu nele, depois de ter perdido o controle? Se quisermos "endireitar" a frase de acordo com o primeiro sentido, basta reordená-la, por iconicidade, como:

O motorista do carro, C. T., 27, caindo num buraco, perdeu o controle de direção.

No segundo exemplo, a falta de iconicidade temporal leva à interpretação surrealista de que o arroz deve ser servido com a tampa da panela fechada. Para consertar a frase, basta, também, dar-lhe iconicidade temporal:

Depois de pronto, deixe o arroz descansar dez minutos, com a tampa da panela fechada, antes de servir.

O estudo de alguns casos de opção entre singular e plural pode ser beneficiado pela iconicidade. Um exemplo instrutivo é o representado pelas construções com classificadores partitivos.

Como sabemos, existem seres ou elementos contáveis e não contáveis. *Árvore*, *mesa*, *copo* são contáveis. Podemos dizer: *duas árvores*, *três mesas*, *seis copos*. Já *areia*, *água*, *farinha* são não contáveis. Não podemos dizer *duas areias*, *três águas*, *seis farinhas*. Por esse motivo, criativamente, dividimos os elementos não contáveis em partes iguais e contamos essas partes. Dizemos então *duas latas de areia*, *três copos d'água*, *um punhado de farinha* etc. *Latas*, *copos* e *punhado* são chamados de *classificadores partitivos*. Por esse motivo, quando escrevemos uma receita culinária falamos em *copos de leite* e *colheres de manteiga*. Quando vamos incluir, entretanto, outros ingredientes como uva-passa, cereja, mamão, vemos que a maioria dos livros de receita escreve:

100 g de cerejas
100 g de uvas-passas
100 g de mamão.

Bem, embora todos esses ingredientes sejam contáveis, não é prático contá-los um a um. O melhor é pesá-los. Cerejas e uvas-passas ficam no plural porque, iconicamente, com uma só delas é impossível ter 100 gramas e mamão fica no singular porque, por iconicidade, para obter 100 gramas, basta um mamão.

Os casos tratados pelas gramáticas como silepse (de gênero ou de número) explicam-se, também, por iconicidade. Afinal, quando um senador se dirige a outro, dizendo:

> Sinto muito, mas Vossa Excelência foi derrotado.

concorda o adjetivo *derrotado* com o sexo masculino do outro senador e não gramaticalmente com a palavra *excelência*, que é feminina.

10

Gramática e Cognição

A gramática cognitiva parte do pressuposto de que a linguagem humana é um sistema simbólico que veicula significados por intermédio de sons vocais e ela, a gramática, é mediadora dessa passagem, conforme o esquema abaixo, numa representação simplificada:

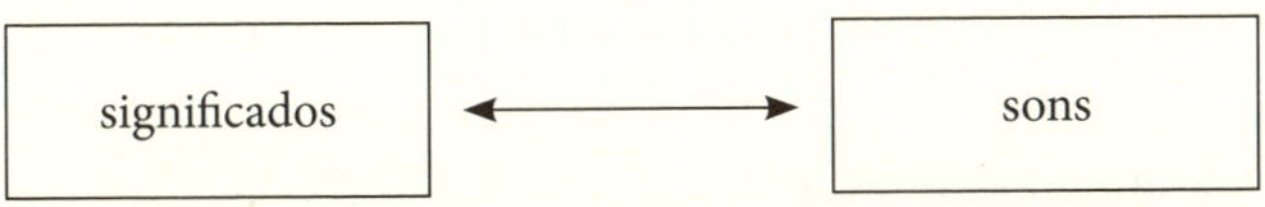

De fato, de acordo com Lakoff[1]: "A função primeira da linguagem é transmitir sentido. Uma gramática deveria, portanto, mostrar, tão diretamente quanto possível, como parâmetros de forma estão ligados a parâmetros de sentido".

Note que a seta unindo significados e sons tem dois sentidos, representando dois pontos de vista: o do falante, que converte significados em sons, e o do ouvinte, que converte sons em significados.

1. George Lakoff, *Women, Fire, and Dangerous Things*, p. 583. No original: "The primary function of language is to convey meaning. A grammar should therefore show as directly as possible how parameters of form are linked to parameters of meaning".

Por tradição, a gramática sempre foi dividida em três partes estanques: fonética, morfologia e sintaxe. A fonética estudava os sons da fala; a morfologia, a estrutura das palavras; e a sintaxe, a relação das palavras na frase.

Com o advento do estruturalismo e dos estudos fonológicos, a fonética foi substituída pela fonologia, sob o argumento correto de que não são os sons em si, mas "modelos sonoros" que veiculam os significados. De fato, você pode pronunciar o *t* de *tia* de duas maneiras diferentes: como uma consoante oclusiva [*t*] → [tia] ou como uma consoante oclusiva africada [*tch*] → [tchia], como é mais comum em São Paulo. Esses dois sons remetem a um único modelo sonoro chamado fonema, que garante que você não confunda, por exemplo, *tia* com *dia*, *via*, *mia* etc.

A gramática cognitiva continua a fazer uso desses níveis de análise, mas considera não haver fronteiras nítidas entre cada um deles, e sim uma continuidade. Como diz Taylor[2]:

> A distinção entre palavra e sintagma é certamente válida, em geral. No entanto, essencialmente, os mesmos tipos de operação estão envolvidos na organização de componentes menores em expressões internamente complexas, sejam essas expressões complexas palavras ou sintagmas. Morfologia e sintaxe, portanto, representam dois aspectos do fenômeno mais geral da combinação sintagmática.

2. John R. Taylor, *Cognitive Grammar*, p. 30. No original: "The distinction between word and phrase is certainly a valid one, in general. Nevertheless, essentially the same kinds of operations are involved in the assembly of smaller components into internally complex expressions, whether the complex expressions be words or phrases. Morphology and syntax therefore represent two aspects of the more general phenomenon of syntagmatic combination".

Podemos ilustrar essa posição, comparando a redução de elementos no léxico com a redução de elementos na sintaxe, demonstrando que são fenômenos de igual natureza. Como sabemos, substantivos como *fotografia* e *telefone celular* costumam ser reduzidos, por economia, em *foto* e *celular*. Esse fenômeno também pode ser observado na sintaxe, em frases como "Sei quanto você sofreu" ou "Ele agiu como se fosse dono da festa". Essas duas frases podem ser comparadas a outras como:

> Sei o quanto você sofreu.
> Ele agiu como agiria se fosse dono da festa.

Na primeira delas, a oração "quanto você sofreu" seria uma oração adjetiva restritiva introduzida por *quanto*, funcionando como pronome relativo, tendo como antecedente o pronome demonstrativo *o*. Na segunda frase, teríamos duas orações: "como agiria" (oração comparativa) e "se fosse dono da festa" (oração condicional). Com a omissão do pronome demonstrativo *o* na primeira frase, "quanto você sofreu" passa a ser uma oração objetiva direta e; na segunda frase, com omissão de "agiria, como se fosse dono da festa" passa a ser uma oração comparativa e a expressão *como se* acaba sendo reanalisada como uma locução conjuntiva de comparação.

Uma outra maneira de entender essa posição de continuidade entre os diversos níveis de análise é a percepção de que os mesmos mecanismos que atuam em um nível atuam também em outros. No capítulo 1, vimos que o mecanismo de criação de categorias obedecia à criação de categorias de nível básico dentro daquilo que chamamos de níveis de inclusão. Assim, teríamos, por exemplo:

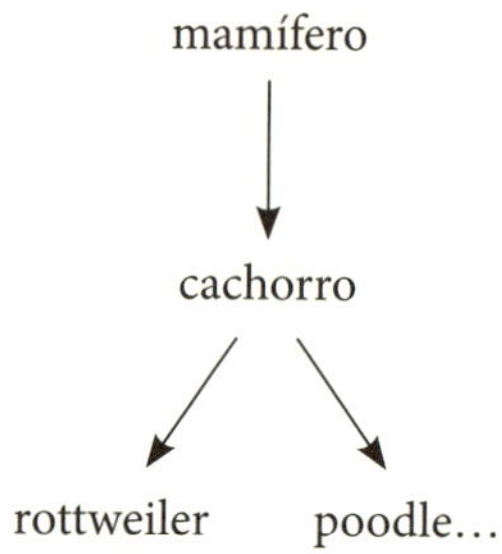

Cachorro seria a categoria de nível básico. Como dissemos naquele capítulo, ninguém diria "Esse mamífero está latindo", ou "Esse poodle está latindo". Diríamos, simplesmente, "Esse cachorro está latindo".

Esse mesmo esquema pode ser aplicado ao nível fonológico:

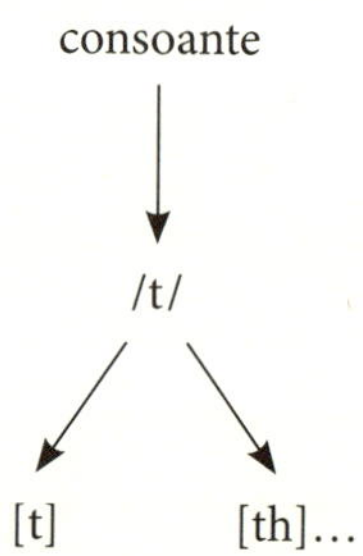

O nível básico, neste caso, é o fonema. Como diz Taylor[3]:

3. *Idem*, p. 149. No original: "In discussing semantic units I drew attention to the notion of the basic level. In a semantic taxonomy, the basic level is the level at which people tend do name things (in the absence of specific reasons to the contrary). The basic level in phonology would be the level in the phonological taxonomy at which speakers tend to conceptualize phonological structures. Is there a basic level in a taxonomy of phonological segments? Cleary there is – it is the level of the traditional phoneme".

Discutindo as unidades semânticas eu chamei atenção para a noção de nível básico. Em uma taxonomia semântica, o nível básico é o nível em que as pessoas tendem a nomear coisas (em ausência de razões específicas em contrário). O nível básico em fonologia seria o nível na taxonomia fonológica em que os falantes tendem a conceptualizar estruturas fonológicas. Existe um nível básico em uma taxonomia de segmentos fonológicos? Claro que existe – é o nível do tradicional fonema.

O mesmo pode ser feito em todos os outros níveis. Exemplo:

Morfologia:

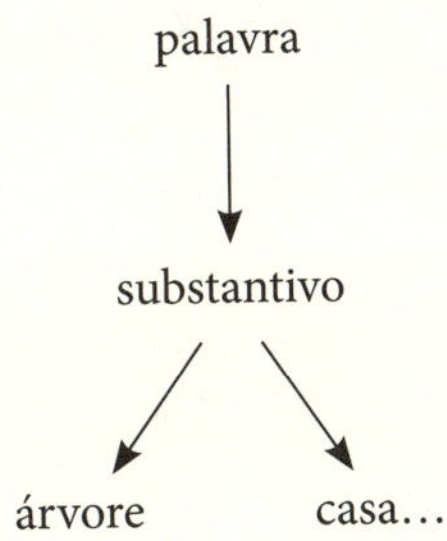

Sintaxe:

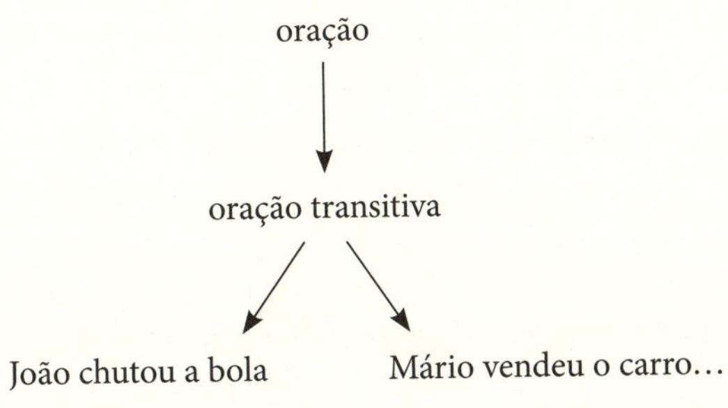

É importante ressaltar que a gramática cognitiva mantém laços estreitos com a gramática funcional, uma vez que ambas partem de um mesmo pressuposto, o de que a linguagem humana deve ser estudada em função do seu uso. Na sequência deste capítulo, eu poderia me estender sobre outros princípios teóricos da gramática cognitiva como a teoria do perfil, base e domínio entre outros, mas acho que ficará mais claro fazer uma ligação entre alguns dos capítulos anteriores e alguns tópicos da gramática do português, demonstrando a sua aplicabilidade.

Aplicação da Gramática Cognitiva à Concordância Verbal e Nominal[4]

Para descrever alguns aspectos da concordância nominal e verbal em português, vou utilizar dois princípios da linguística cognitiva: a teoria dos protótipos e a iconicidade.

Núcleos Nominais Prototípicos

Se fizermos um levantamento ao acaso de núcleos de sintagmas nominais em português, veremos que eles se caracterizam, quase sempre, por serem substantivos (ou pronomes que estão no lugar de substantivos) que têm uma referência ou ao mundo físico real, como *casa*, *homem*, *avião*, a mundos possíveis, como *Capitu*, *papai-noel*, *saci* ou ao mundo psicológico como *vida*, *compra*, *amor*. Exemplos:

4. Esta parte foi baseada em Antônio S. Abreu, *Gramática Mínima para Domínio da Língua Padrão*, Ateliê Editorial, 2003.

Um casal de turistas participou sem ser convidado de um café da manhã na Casa Branca com o presidente.

Verifica-se um descompasso muito grande entre o avanço econômico e a vida urbana do século 21.

Explicitando os grupos nominais e seus núcleos, teremos:

um *casal* de turistas
um *café da manhã*
a *Casa Banca*
o *presidente*

um *descompasso* muito grande
o *avanço* econômico
vida urbana
século 21

Temos, aí, substantivos concretos (*casal, café da manhã*) e abstratos (*avanço, vida*), todos eles núcleos nominais. Podemos dizer, portanto, que os núcleos nominais prototípicos são núcleos substantivos. Alguns desses grupos nominais funcionam como sujeito, como *um casal de turistas* da primeira frase e *um descompasso muito grande*, na segunda. Como consequência, podemos também concluir que os núcleos prototípicos dos sujeitos têm também caráter nominal.

Examinando, agora, orações com sujeitos que contêm expressões quantificadoras, teremos exemplos como:

A maioria das escolas fará reposição até 23 de dezembro.

Grande parte das reservas de petróleo está nas mãos do governo.

Nos sujeitos dessas orações, os núcleos (*maioria, grande parte*) não são prototípicos, uma vez que, embora sejam substantivos, não têm referência a seres do mundo real ou fictício ou ao mundo psicológico. Quem carrega essa referência são seus modificadores. Quando dizemos *a maioria*, perguntamos: "A maioria de quê?". Esquematizando:

a *maioria* das escolas

grande *parte* das reservas de petróleo

No primeiro exemplo, *das escolas* modifica *maioria* e, no segundo, *das reservas de petróleo* e *grande* modificam *parte*. Nos exemplos das orações acima, a concordância é feita, em geral, com esse núcleo não prototípico, caracterizando aquilo que podemos chamar de concordância canônica (de acordo com as normas gerais da gramática):

A *maioria* das escolas *fará* reposição até 23 de dezembro.

Grande *parte* das reservas de petróleo *está* nas mãos do governo.

Esse tipo de concordância, contudo, exige um "esforço extra" caracterizado pelo domínio explícito das regras da gramática. O mais comum, sobretudo na língua falada, é que a concordância se faça com o modificador que carrega a referência externa, assumindo essas frases as seguintes formas:

A maioria das *escolas farão* reposição até 23 de dezembro.

Grande parte das *reservas de petróleo estão* nas mãos do governo.

Tal concordância é plenamente aceita pela norma culta da língua. E o que explica o fato de ela acontecer é justamente o fato de os falantes, no momento em que pretendem fazer a concordância nessas frases, procurarem fazê-lo, inconscientemente, com aquilo que consideram ser núcleos nominais prototípicos. Se o grupo principal (*a maioria, grande parte*) não tem essa característica, dirigem-se para o grupo imediatamente derivado (*escolas, reservas de petróleo*) cujo núcleo é prototípico.

O mesmo acontece com números percentuais como em:

56% da população *aprovam* o atual governo.

ou

56% da *população aprova* o atual governo.

Na primeira versão, temos a concordância canônica; na segunda, com um núcleo prototípico.

Quando o predicado da oração apresenta predicativo ou está na voz passiva, há uma nítida tendência de a concordância ser feita com o núcleo substantivo modificador como em:

60% das *moças eram casadas.*
1% das *mulheres foram aprovadas.*

A solução canônica ficaria um tanto estranha:

? *60%* das moças *são casados.*
? *1%* das mulheres *foi aprovado.*

Esta última opção se dá por iconicidade, uma vez que dizer que "moças são casadas" ou que "mulheres foram aprovadas" está mais adequando a estados de coisas do mundo real.

Um fato curioso ocorre com sujeitos constituídos por um número fracionário. A regra geral normativa diz que a concordância deve ser feita sempre com esse número, como em:

Um terço dos soldados *acabou ferido*.
Dois terços da população *apoiam* o atual presidente.

Mas, como "resolver" o problema de concordância em frases como:

? *Um terço* das mulheres *está grávido*.

ou

? *Um quarto* das mulheres *está menstruado*.

Embora essas duas orações estejam perfeitamente de acordo com a concordância canônica prescrita pela norma culta da língua, ficam muito esquisitas. Apelando para o critério da iconicidade, elas ficariam bem mais adequadas:

Um terço das *mulheres estão grávidas*.
Um quarto das *mulheres estão menstruadas*.

Até mesmo em frases mais comuns que apresentam predicativo ou estão na voz passiva essa escolha, por iconicidade, é a preferida, como:

Apenas um quarto das *ruas eram pavimentadas.*
Um terço apenas das *propostas foram aproveitadas.*

e não suas contrapartidas canônicas:

? Apenas *um quarto* das ruas *era pavimentado.*
? *Um terço* apenas das propostas *foi aprovado.*

Podemos ver, também, a influência da iconicidade na concordância em frases como:

O *número* de **pessoas** que **morrem** de câncer por causa do cigarro *aumentou.*

A concordância é feita levando-se em conta que são as pessoas que morrem e o número é que aumenta. A concordância abaixo é considerada errada porque contraria a orientação da iconicidade:

? O *número* de **pessoas** que *morre* de câncer por causa do cigarro **aumentaram**.

Outros casos de concordância também podem ser descritos mais adequadamente pelo princípio da iconicidade. É o que acontece, por exemplo, com as orações equativas.

Orações equativas são aquelas em que tanto o sujeito quanto o predicativo são substantivos, como aquelas famosas frases do poeta Vinícius de Moraes:

O uísque é o melhor amigo do homem.
O uísque é o cachorro engarrafado.

Como vemos, tanto o sujeito quanto o predicativo são substantivos: *uísque... amigo*; *uísque... cachorro*. As frases nominais "normais" costumam ter um adjetivo como predicativo como em:

Essa garota é bonita.

Nessas frases, é obrigatória a concordância formal entre o predicativo e o sujeito. Não podemos dizer coisas como "Essa garota é bonito", por exemplo. Nas equativas, contudo, não há obrigação de concordância formal, como demonstram frases como:

O problema são reservas em dólar.
Essas crianças são um choro só.

Na primeira delas temos *problema* (masculino, singular) e predicativo *reservas* (feminino, plural). Na segunda, *crianças* (feminino, plural) e predicativo *choro* (masculino singular).

Em uma primeira análise, poderíamos dizer que, então, não há absolutamente nenhuma regra de concordância entre predicativo e sujeito em orações equativas. Mas, se formos levados por essa premissa, poderíamos, então, ter frases como:

? Minhas irmãs são professor.
? Meu irmão já são pais.

Dada a impossibilidade dessas frases, a conclusão a que chegamos, então, é que a concordância entre predicativo e sujeito nas orações equativas não é regida por uma regra formal, mas sim por iconicidade. Afinal, a ideia de *problema* pode perfeitamente ser associada, semanticamente, a *reservas*, assim como *crianças* a *um choro só*. *Irmãs*, contudo, têm de ser associadas semanticamente a *professoras*, e *irmão* a *pai*, produzindo:

> Minhas irmãs são professoras.
> Meu irmão já é pai.

Aplicação da Gramática Cognitiva à Polissemia de Alguns Verbos de Movimento em Português

Todos os dias, tanto em conversas informais quanto formais e nos meios de comunicação, é possível observar verbos de movimento sendo utilizados metaforicamente, como em:

> A ascensão das comunicações instantâneas *jogou por terra* a capacidade de mentir tão livremente de que desfrutaram os agentes publicitários no passado (*Folha de S. Paulo*, 8.2.2009).
>
> A anistia proposta no Congresso *caminha* no sentido contrário e deveria ser revogada (*Folha de S. Paulo*, 1.5.2009).
>
> "Graças a Deus, a crise americana não *atravessou* o Atlântico." Do presidente Lula, nos EUA, desatento ao fato de que ela pode *cortar caminho* pelo Caribe (Revista *Veja*, 1.10.2008).

Na primeira frase, o autor poderia ter dito que a ascensão das comunicações obstou a capacidade de mentir. Na segunda, que a anistia se opõe a algo e, na terceira, que a crise não abrangeu o Brasil, mas pode abrangê-lo, abrangendo primeiro o Caribe. Esse uso metafórico de verbos de movimento como *caminhar*, *atra-*

vessar, *jogar* e outros ocorre, como disse, tanto na língua escrita quanto na falada. É bastante comum ouvir de alguém algo como: "Soube que você jogou a culpa sobre mim", em vez de dizer: "Soube que você me culpou". Às vezes surgem também expressões idiomáticas como *jogar areia*, *jogar confete*, como em:

> Além do mais, houve o episódio da confusa moratória de Dubai, que *jogou um tanto de areia* do deserto na moenda financeira que transforma dinheiro barato euro-americano em gordura de ativos em quase qualquer parte do mundo (*Folha de S. Paulo*, 8.12.2009).

> Joseph Blatter *jogou confete* no São Paulo e festejou o que viu como sucesso do Mundial de Clubes da Fifa, conquistado no último domingo pelo time paulista (*Folha de S. Paulo*, 21.12.2005).

Na maioria dessas expressões é possível verificar o emprego de esquemas de imagem vinculados a ações do corpo humano e a ideias de valor ligadas às metáforas primárias.

No primeiro exemplo deste capítulo, temos a ação dos esquemas de DINÂMICA DE FORÇAS, e de EQUILÍBRIO, em que, se um agonista vence, "joga por terra" um antagonista e este é derrotado, por ter perdido o equilíbrio e caído. E uma situação típica do *frame* de uma luta de boxe. Há aí também o recurso à metáfora primária: *para cima é bom* e *para baixo é ruim* (*up is good*; *down is bad*).

No segundo exemplo, temos o esquema de PERCURSO. Caminhar em sentido contrário significa tornar pior, uma vez que o destino, fim a ser atingido, fica cada vez mais longe.

No terceiro exemplo, temos a projeção de um ator num evento (ver capítulo 7): "a crise não atravessou o Atlântico", dentro do esquema de PERCURSO. O mesmo acontece com a expressão *cortar caminho*, empregada nesse exemplo.

Nos exemplos das expressões idiomáticas (*jogar areia, jogar confete*), temos novamente o esquema de FORÇA DINÂMICA, associado a *frames* culturais, em que *areia* prejudica o funcionamento de uma engrenagem e *confete* se relaciona a alegria e positividade.

Diferentes *frames* são comumente associados a metáforas desse tipo, como em:

Quadros modernos não vão bem com esses móveis.

Aqui, é acionado o *frame* de companhia. Quem vai a algum lugar pode ir acompanhado de alguém. Os quadros e móveis são vistos como atores em companhia uns dos outros, resultado, também, da transformação de objetos inanimados em atores.

A pergunta que se impõe neste momento é: por que os falantes de uma língua preferem, quase sempre, empregar uma construção metafórica como verbos de movimento, a utilizar uma construção literal?

Uma resposta razoável comporta dois motivos. O primeiro deles é a "concretização" do pensamento abstrato, que se torna mais palpável por meio da ideia de movimento. O segundo é que a maioria desses verbos está vinculada a ações de partes do corpo humano (caminhar, ir = pernas; jogar = braços) e, em todas as línguas do mundo, é possível observar a integração metafórica dessas ações em situações abstratas. Como diz Dingemanse[5]:

5. Mark Dingemanse, "The Selective Advantage of Body-part Terms", *Journal of Pragmatics*, 41 (2009), pp. 2131-2132. No original: "As a physical universal of great cognitive and culture salience, the body is a very suitable source domain for expressing a variety of things. It jumps out at us, so to speak, as the ultimate common ground to resort to in solving our communicative coordination problems. This is what provides body-part terms with a selective advantage above certain other words in the evolution of linguistic signs".

Como um universal físico de grande saliência cognitiva e cultural, o corpo é um domínio de origem bastante apropriado para expressar uma variedade de coisas. Ele sobressai para nós, por assim dizer, como o terreno comum último ao qual podemos recorrer para conseguir resolver nossos problemas de coordenação comunicativa. Isso é que torna possível que palavras referentes a partes do corpo tenham vantagem seletiva em relação a certas outras palavras, na evolução dos signos linguísticos.

Isso é verdade também em relação às metáforas em geral, uma vez que todas elas são "neurologicamente programadas", vinculadas aos nossos corpos e experiências de vida. Em artigo recente, Lakoff[6] afirma:

> Embora os principais fundamentos do que descobrimos[7] permaneçam tão válidos hoje quanto eram então, os progressos relacionados à ciência cerebral e computação neural têm enriquecido bastante nosso entendimento de como funciona a metáfora conceptual.

Mais adiante, referindo-se às metáforas primárias[8], diz que:

6. George Lakoff, *The Neural Theory of Metaphor*, 2009, em http://ssm.com/abstract=1437794. No original: "Though the fundamental outlines of what we discovered remain as valid today as they were then, developments in brain science and neural computation have vastly enriched our understanding of how conceptual metaphor works".
7. O plural é uma referência a Lakoff e Johnson e à sua obra pioneira nos anos 1980, denominada *Metaphors We Live By*.
8. *Idem*. No original: "Grady called such metaphors 'primary metaphors' and observed that they are learned by the hundreds the same way all over the world because people have the same bodies and basically the same relevant environments, and so will have very much the same experiences in childhood in which two domains are simultaneously active, and so will learn neural metaphorical mappings linking those domains naturally, just by functioning in the world. Just living an everyday life gives you the experience and suitable brain activation to give rise to a huge system of the same primary metaphorical mappings that are learned around the word without any awareness".

> Grady[9] chamou tais metáforas de "metáforas primárias" e observou que elas são aprendidas às centenas da mesma maneira em todo o mundo, porque as pessoas têm os mesmos corpos e basicamente os mesmos ambientes relevantes, e então terão praticamente as mesmas experiências na infância em que dois domínios são simultaneamente ativos, e, então, irão adquirir mapeamentos metafóricos neurais que conectam esses domínios naturalmente, pelo simples fato de atuarem no mundo. Viver o dia a dia proporciona a você a experiência e a ativação do cérebro necessária para dar origem a um vasto sistema dos mesmos mapeamentos metafóricos primários que são aprendidos ao redor do mundo sem nenhuma consciência.

Como vemos, existe uma sólida fundamentação, dentro da moderna neurociência, para a teoria da metáfora conceptual como recurso utilizado não apenas na polissemia dos verbos de movimento, mas também em muitas outras situações no campo da gramática. Exemplos não faltam em todas as línguas do mundo.

9. J. Grady, *Foundations of Meaning*, UC Berkely Dissertation, 1997.

Palavras Finais

Espero ter contribuído, com este pequeno livro, para a divulgação da Linguística Cognitiva entre todos aqueles que apreciam estudar a linguagem humana, sejam estudantes de Letras ou de outras áreas como Jornalismo, Publicidade, Direito etc. Procurei tornar mais simples, na medida do possível, a compreensão dos conceitos básicos da teoria e apresentá-los em seu "estado de arte", com um número grande de exemplos.

Nas referências, há uma boa bibliografia que poderá ser útil àqueles que quiserem aprofundar-se no tema. Além de ser resultado de pesquisa acadêmica, este livro é também produto tanto dos cursos que tenho ministrado no programa de pós-graduação da Unesp, quanto dos artigos e dos trabalhos que tenho apresentado e publicado no país e no exterior.

Referências Bibliográficas

Abreu, Antônio Suárez. *Gramática Mínima para Domínio da Língua Padrão.* 2ª ed., São Paulo, Ateliê Editorial, 2003.

Assis, Joaquim Maria Machado de. *Obra Completa.* Vol. iii. Rio de Janeiro, Nova Aguilar S.A., 1997.

Bronzato, Lucilene Hotz. "O Enquadre Gramatical da Interdição ou 'Para Bom Entendedor Meia Palavra Basta'". In: Miranda, Neusa Salim & Salomão. *Construções do Português do Brasil: Da Gramática ao Discurso.* Maria Margarida Martins (org.). Belo Horizonte, Editora ufmg, 2009.

Croft, William & Cruse, D. Alan. *Cognitive Linguistics.* Cambridge, Cambridge University Press, 2004.

Evans, Vyvyan & Green, Melanie. *Cognitive Linguistics: An Introduction.* New Jersey, London, Lawrence Erlbaum Associates, Publishers, 2006.

Fauconnier, Gilles & Turner, Mark. *The Way We Think: Conceptual Blending and the Mind's Hidden Complexities.* New York, Basic Books, 2002.

Fauconnier, Gilles. *Mappings in Thought and Language.* Cambridge, Cambridge University Press, 1999.

______. *Mental Spaces.* Cambridge, Mass., mit Press, 1994.

Galbraith, John Kenneth. *A Era da Incerteza.* 2ª ed. rev., São Paulo, Pioneira, 1980.

Gardner, Daniel. *The Science of Fear: An Expert Guide to How and Why We Make Bad Decisions.* London, Plume, 2009.

GEERAERTS, Dirk & CUYCKENS, Hubert (eds.). *The Oxford Handbook of Cognitive Linguistics*. Oxford, Oxford University Press, 2007.

GIBBS JR., Raymond; LIMA, Paula Lenz Costa & FRANÇOZO, Edson. "Metaphor is Grounded in Embodied Experience". *Journal of Pragmatics*. 36, Elsevier, 1189-1210, 2004.

GIBBS JR., Raymond. *The Poetics of Mind*. Cambridge, Cambridge University Press, 1995.

GIVÓN, Talmy. *Mind, Code and Context: Essays in Pragmatics*. New Jersey, Lawrence Erlbaum, 1989.

GRADY, J. *Foundations of Meaning*. UC Berkeley Dissertation, 1997.

HOUAISS, Antônio. *Dicionário Houaiss da Língua Portuguesa*. Rio de Janeiro, Objetiva, 2001.

JACKENDOFF, Ray. "On Belief-Contexts". *Linguistic Inquiry*. Vol. VI, November I 53-93, 1975.

JOHNSON, Mark. *The Body in the Mind: The Bodily Basis of Meaning, Imagination, and Reason*. Chicago, The University of Chicago Press, 1990.

KÖVECSES, Zoltán. *Language, Mind and Culture*. Oxford, Oxford University Press, 2006

LAKOFF, George & JOHNSON, Mark. *Philosophy in the Flesh: The Embodied Mind and its Challenge to Western Thougth*. New York, Basic Books, 1999.

______. *Metaphors We Live By*. Chicago, The University of Chicago Press, 1980.

LAKOFF, George. "The Neural Theory of Metaphor". 2009. In: GIBBS, R. *The Metaphor Handbook*. Cambridge, Cambridge University Press, http://ssrn.com/abstract=14377794.

______. *Women, Fire, and Dangerous Things*. Chicago, The University of Chicago Press, 1987.

LANGACKER, Ronald. *Foundations of Cognitive Grammar*. Vol. 2, Stanford, Stanford University Press, 1991.

MARCUS, Garry. *Kluge: The Haphazard Construction of the Human Mind*. New York, Houghton Mifflin Co, 2008.

PEÑA, M. Sandra. "Dependency Systems for Image-schematic Patterns in a Usage-based Approach to Language", *Journal of Pragmatics*. 40, 1041–1066, 2008.

PERLS, Fritz. *A Abordagem Gestáltica e Testemunha Ocular da Terapia*. 2ª ed., Rio de Janeiro, Livros Técnicos e Científicos Editora S.A., 1988.

PERELMAN, Chaïm & OLBRECHTS-TYTECA, Lucie. *Tratado da Argumentação. A Nova Retórica*. São Paulo, Martins Fontes, 1996.

PLANTIN, Chistian. "A Place for Figures of Speech in Argumentation Theory". *Argumentation*. 23, DOI, 2009, pp. 325-337.

REIS, Heloísa Helena Baldy. *A Violência nos Estádios: Um Estudo Comparado entre Brasil e Espanha*. Tese de livre-docência, Unicamp, 2004.

ROSCH, Eleanor. "Cognitive Representations of Semantic Categories". *Journal of Experimental Psychology*. General, 104, 192-233, 1975.

______. "Principles of Categorization". In: MARGOLIS, E. & LAURENCE, S. (eds.). *Concepts: Core Readings*. Cambridge, MA MIT Press, 1999, pp. 189-206.

SHAKESPEARE, William. *Otelo, o Mouro de Veneza*. Trad. Onestaldo de Pennafort. Rio de Janeiro, Relume Dumará, 1995.

______. *A Tempestade*. www.virtualbooks. Acesso em 21.10.2009.

______. *Hamlet*. www.virtualbooks. Acesso em 21.10.2009.

TAYLOR, John R. *Cognitive Grammar*. Oxford, Oxford University Press, 2003.

TURNER, Mark. *The Literary Mind: The Origins of Thought and Language*. Oxford, Oxford University Press, 1996.

ULLMAN, Stephen. *Semântica – Uma Introdução à Ciência do Significado*. Lisboa, Fundação Calouste Gulbenkian, 1968.

Título	*Linguística Cognitiva: Uma Visão Geral e Aplicada*
Autor	Antônio Suárez Abreu
Editor	Plinio Martins Filho
Produção editorial	Aline Sato
Capa	Tomás Martins
Editoração eletrônica	Daniela Fujiwara
Formato	13,5 x 21 cm
Tipologia	Minion Pro
Papel	Cartão Supremo 250 g/m² (capa) Pólen Soft 80 g/m² (miolo)
Número de páginas	120
Impressão e acabamento	Bartira Gráfica e Editora